O Livro DE Salomão

Dados Internacionais de Catalogação na Publicação (CIP)
(Câmara Brasileira do Livro, SP, Brasil)

Leloup, Jean-Yves
   O Livro de Salomão : a sabedoria da contemplação : (nova tradução e interpretação) / Jean-Yves Leloup ; tradução de Karin Andrea de Guise. – Petrópolis, RJ : Vozes, 2019.

   Título original: Le livre de Salomon : la sagesse de la contemplation : nouvelle traduction et interprétation
   Bibliografia.
   ISBN 978-85-326-6028-2

   1. Bíblia. A.T. Sabedoria – Comentários I. Título.

18-23023   CDD-229.307

Índices para catálogo sistemático:
1. Livro da Sabedoria : Salomão : Bíblia : Comentários   229.307

Cibele Maria Dias – Bibliotecária – CRB-8/9427

JEAN-YVES LELOUP

O Livro DE Salomão

[A SABEDORIA DA CONTEMPLAÇÃO]

NOVA TRADUÇÃO E INTERPRETAÇÃO

Tradução de
Karin Andrea de Guise

EDITORA VOZES

Petrópolis

© Presses du Châtelet, 2017

Título do original em francês: *Le livre de Salomon – La Sagesse de la contemplation*

Direitos de publicação em língua portuguesa – Brasil:
2019, Editora Vozes Ltda.
Rua Frei Luís, 100
25689-900 Petrópolis, RJ
www.vozes.com.br
Brasil

Todos os direitos reservados. Nenhuma parte desta obra poderá ser reproduzida ou transmitida por qualquer forma e/ou quaisquer meios (eletrônico ou mecânico, incluindo fotocópia e gravação) ou arquivada em qualquer sistema ou banco de dados sem permissão escrita da editora.

CONSELHO EDITORIAL

Diretor
Gilberto Gonçalves Garcia

Editores
Aline dos Santos Carneiro
Edrian Josué Pasini
Marilac Loraine Oleniki
Welder Lancieri Marchini

Conselheiros
Francisco Morás
Ludovico Garmus
Teobaldo Heidemann
Volney J. Berkenbrock

Secretário executivo
João Batista Kreuch

Editoração: Fernando Sergio Olivetti da Rocha
Diagramação: Sheilandre Desenv. Gráfico
Revisão gráfica: Alessandra Karl
Capa: Rafael Nicolaevsky

ISBN 978-85-326-6028-2 (Brasil)
ISBN 978-2-84592-698-1 (França)

Editado conforme o novo acordo ortográfico.

Este livro foi composto e impresso pela Editora Vozes Ltda.

Sumário

Introdução, 7

Primeira parte – Tradução, 13
I, 13
II, 14
III, 16
IV, 18
V, 20
VI, 22
VII, 24
VIII, 27
IX, 29
X, 30
XI, 32
XII, 34
XIII, 37
XIV, 39
XV, 42
XVI, 44
XVII, 47
XVIII, 49
XIX, 51

Segunda parte – Interpretações, 55

Notas introdutórias aos comentários, 55

I – Justiça, retidão, simplicidade, 57

II – A sensibilidade, a fé, a abertura ao ser que é o que Ele é, 62

III – YHWH/Deus não fez a morte, 72

IV – "Comemos, bebemos... pois não há nada além disso", 78

V – Se tudo é ilusão, por que perseguir o justo?, 82

VI – Há uma luz para a mulher estéril, o eunuco, o justo que morre ainda jovem, 89

VII – Desejo de sabedoria, 93

VIII – A sabedoria é mais preciosa do que tudo, 98

IX – O aparente e o oculto, 102

X – A obreira de todas as coisas, 107

XI – A sabedoria, esposa bem-amada do sábio, 110

XII – A intimidade com a sabedoria, 115

XIII – Oração para pedir a sabedoria, 121

XIV – É a sabedoria que nos salva, 125

XV – A sabedoria, ou o olhar que "cria" o que Ele vê, 132

XVI – Da idolatria à analogia, 146

XVII – Sabedoria e justiça, misericórdia e castigo 156

Terceira parte – Livro dos Provérbios e prólogo de São João, 163

O Livro dos Provérbios, 163

   O chamado da Sabedoria, 163

   Sabedoria, tesouro oculto, 163

   Sabedoria, presença viva de YHWH/Deus, 164

   Sabedoria, árvore da vida, 165

   Sabedoria de antes da criação, 166

   A casa da Sabedoria, 167

   São João e a Sabedoria, 168

Prólogo de São João, 168

Glossário, 171

Introdução

Como o Livro do Qohelet[1], o Livro da Sabedoria é atribuído a Salomão, arquétipo do sábio, mas o livro é escrito em um estilo e tem um conteúdo bem diferente do precedente, apesar do seu ponto de partida ser a mesma lucidez cortante – "tudo é ilusão", impermanência – e a mesma constatação: a injustiça reina entre os homens, acrescentando sofrimento à dor primeira que é a dor de existir e de "ser para a morte", "tudo é pó e tudo ao pó voltará". Mas o Livro da Sabedoria acrescenta: "Tudo é luz e tudo à luz voltará."

Sabedoria de Salomão e sabedoria egípcia

É esta sabedoria complementar à sabedoria da lucidez, cara ao Qohelet, que vamos descobrir neste novo Livro de Salomão. Ele indicará igualmente que o destino do justo não é o mesmo destino do injusto e que as aparências do seu aniquilamento são enganosas. Não há morte para "o homem direito", a atanásia[2] lhe é prometida. Outros temas próprios à tradição judaica de Alexandria serão igualmente desenvolvidos: O que é a sabedoria? Qual é a sua origem? Quais são seus atributos? Como ela se manifesta no cosmos e na história? Como adquiri-la? Caso se trate de uma energia, de um Sopro (*Pneuma*) que anima todas as coisas, não seria também uma Presença (a *shekina*, a santa *Sophia*) que nos acompanha e que encontra sua morada, seu prazer, seu repouso, no coração dos humanos?

---

1. O Eclesiastes.

2. A não morte, *athanasia*, geralmente traduzido como "imortalidade" ou "não mortalidade", próximo da eutanásia, a boa morte, e da anastasie, a ressurreição.

Seria possível que o autor do Livro da Sabedoria, tendo vivido no Egito helenizado de Alexandria, lembrava-se da época de Seth I e de Ramsés II e desses hinos extraídos do papiro de Leyden de 1350?

> Misterioso da existência, resplandecente das formas, Deus maravilhoso de múltiplas existências!
> Todos os deuses glorificam-se nele [...]
> Ele está mais longe do que o céu e é mais profundo do que a *Douat*.
> Nenhum deus conhece sua verdadeira natureza. Sua imagem não está exposta nos escritos, não existem sobre ele testemunhos [...].
> Ele é misterioso demais para que sua majestade seja descoberta, ele é grande demais para ser interrogado, poderoso demais para ser conhecido.
> Cairíamos mortos de pavor no mesmo instante se pronunciássemos seu nome secreto, intencionalmente ou não.
> Nenhum deus poderia chamá-lo por este nome.
> [...]
> Tu crias milhões de formas a partir de ti, o Único.
> [...]
> É Ele que desata os males, que expulsa as doenças, que liberta do destino segundo seu desejo.
> [...]
> É Ele que escuta as súplicas daquele que o chama.
> [...]
> Ele prolonga a duração da vida e Ele a abrevia.
> [...]
> Para aquele que o colocou em seu coração, Ele é mais útil do que milhões.
> Um único homem tem mais força graças ao seu nome do que centenas de milhares.
> [...]
> Tu és um deus que podemos invocar, um coração pleno de amizade pelos homens.
> Que alegria para aquele que te colocou em seu coração![3]

---

3. Citado por Jan Assmann, professor de Egiptologia na Universidade de Heidelberg (Alemanha), em *Ce que la Bible doit à l'Égypte* (O que a Bíblia deve ao Egito). Bayard, 2008, p. 189-198.

Sem dúvida, quem quisesse fazer a sabedoria de Salomão derivar da sabedoria egípcia através do Livro dos Provérbios seria malvindo, sendo o Egito o inimigo histórico e arquetípico de Israel; no entanto, a luz assemelha-se à luz, quaisquer que sejam as regiões e as fronteiras que ela ilumina. A sabedoria assemelha-se à Sabedoria, quaisquer que sejam as raças e os meios onde ela se encarna.

Seria devido à sua sensibilidade ao "outro" que os judeus de Alexandria foram frequentemente rejeitados e considerados suspeitos pelos judeus palestinos? E que a sua Bíblia, a Septuaginta, escrita em grego, à qual pertence a sabedoria de Salomão, deixou de ser aceita pelos fariseus, partidários da Bíblia escrita em hebraico, a partir do século II da nossa era?

A Septuaginta e os judeus de Alexandria

O historiador judeu Flávio Josefo conta como Alexandre o Grande, em 332-331 a.C., entrou em Jerusalém:

> Os soldados do exército de Alexandre não tinham a menor dúvida de que lhes era permitido saquear Jerusalém. [...]
> Mas o oposto aconteceu: pois tão logo o príncipe percebeu esta grande multidão de homens vestidos de branco e o grande sacrificador com o seu *éphod* de cor azul, enriquecido de ouro e sua tiara sobre a cabeça, com uma lâmina de ouro sobre a qual o Nome de Deus estava escrito, aproximou-se sozinho dele, adorou este Nome tão augusto e saudou o grande sacrificador.

A partir de então, indica Nicole Kaminski-Gdalia[4], começou a idade de ouro dos judeus helenos que seguiram Alexandre. Este encontro do judaísmo e do helenismo deu nascimento a uma população e a uma cultura duplamente devotada, dedicada à cidade grega e fiel à

---

4. Encarregada da conferência na Ephe (École Pratique des Hautes Études – Escola Prática de Estudos Elevados), membro-associada ao centro de estudos das religiões do Livro, CNRS.

vida religiosa dos seus pais. O Talmude da Babilônia (tratado Soucca) relata as palavras proferidas por Rabbi Juda:

> Quem jamais viu a sinagoga de Alexandria no Egito jamais viu a glória de Israel. Diziam que ela tinha a forma de uma grande basílica com uma colunata no interior de uma colunata. O público era de seiscentas mil pessoas, tanta gente que, na saída do Egito, alguns diziam haver o dobro. Ela continha setenta e um assentos de ouro para os setenta e um sábios.

Esses setenta e um nos fazem pensar nos setenta ou setenta e dois sábios que traduziram para o grego a biblioteca hebraica[5] a fim de torná-la acessível àqueles que, já naquela época, não compreendiam mais o hebraico. A Septuaginta dá testemunho do espírito de diálogo e da preocupação de universalidade dos judeus alexandrinos do século III a.C.

Na carta endereçada ao seu irmão Filocrato, Aristeu conta que os cinco livros da Torá foram traduzidos por setenta e dois sábios judeus: seis por tribo, vindos de Jerusalém para Alexandria a pedido do Rei Ptolomeu II Filadelfo (285-246 a.C.) e seu bibliotecário, Demétrio de Falera († ca. 280).

Mestres nas terras judaicas, mas também dedicados à cultura helênica, os sábios realizaram seu trabalho em setenta e dois dias na Ilha de Pharos. A tradução é lida por Demétrio aos delegados dos judeus para que estes a aprovem, em seguida ao rei que faz o mesmo. Segundo outras fontes tão antigas quanto esta, os setenta e dois tornaramse setenta, daí o nome de Septuaginta (LXX) dado à Bíblia grega. Aristeu fala apenas do Pentateuco e não dos outros livros da Bíblia. Eles foram traduzidos mais tarde, por volta do ano 200 a.C. Alguns livros foram compostos diretamente em grego: Macabeus (1–4), Judite, Tobias, Eclesiástico e o mais recente dentre eles, o Livro da Sabedoria, escrito sob o patronato do Rei Salomão. Seu autor permanece desconhecido, ele teria sido escrito por volta do ano 50 antes

---

5. A Bíblia.

da nossa era. Seria um "terapeuta", um desses mestres da sabedoria sobre o qual nos falará Fílon de Alexandria alguns anos mais tarde? Dada a proximidade da sua doutrina com a dos judeus piedosos de Alexandria, mais fortemente helenizados, isso é possível, mas não há como comprovar.

O conjunto da Septuaginta forma o pano de fundo judeu sobre o qual se destaca a redação dos evangelhos e dos escritos dos primeiros cristãos, igualmente redigidos em grego.

Para os primeiros cristãos, a Septuaginta será, portanto, o único texto bíblico conhecido. É ela que será utilizada pela liturgia e pelos Padres da Igreja; ela continua sendo lida e meditada hoje em dia nas igrejas ortodoxas.

No Ocidente, ela foi traduzida para o latim. As "velhas (versões) latinas" da Septuaginta foram o texto bíblico de referência para a obra de Agostinho. Ele considerava a Septuaginta "inspirada pelo Santo-Espírito". Pouco a pouco, a Igreja de Roma veio a preferir a versão de Jerônimo feita a partir do hebraico dos massoretas, a Vulgata.

No judaísmo, desde que os Padres apologistas utilizaram a Septuaginta para mostrar a verdade do cristianismo, o rabinato palestino impôs a volta ao hebraico, primeiro sob a forma de um decalque do grego para um hebraico dali em diante relativamente estabilizado (é a versão de Áquila, no século II da nossa era). Em seguida, foi rejeitada toda versão grega da Bíblia, tendo a língua grega se tornado a língua do inimigo. Os comentários rabínicos se fazem a partir do texto hebraico, com suas vogais e seus diversos signos de leitura fixados pelos massoretas.

Recentemente, em Qumran, foram descobertas versões da Bíblia escritas em grego. Essas traduções foram feitas sobre um texto hebraico pré-massorético, daí o interesse em estudar a Septuaginta para ter acesso a versões mais antigas do texto bíblico.

Passando de um manuscrito ao outro, compreendemos melhor também as variações de sentido. O próprio Jerônimo o reconhece, logo ele que é partidário da "verdade hebraica". Só podemos compreender certas passagens quando nos referimos à Septuaginta. Mas, colocados de lado alguns grandes eruditos israelitas que se interessam seriamente pela Septuaginta, a opinião popular judaica hesitou em reconhecer o Livro da Sabedoria como livro canônico, assim como demorou para reconhecer a fé autêntica do filósofo judeu de língua grega, Fílon de Alexandria, pois este faz referência ao texto grego da Bíblia (a palavra "bíblia" vem do grego *biblion*, "biblioteca").

Segundo Emmanuel Lévinas[6], isso é privar-se de um elemento importante do patrimônio judeu. É verdade que o propósito do Livro da Sabedoria é o de traduzir, sem trair, o pensamento semita[7] para o grego, e introduzir razão e sentido naquilo que é da ordem da intuição e da fé. Neste livro, é abordada a questão da compatibilidade ou da incompatibilidade da religião e da filosofia, mas também a da não oposição possível ou impossível, da transcendência de Deus e da sua imanência no cosmo e na história. Daí a necessidade de um mediador ou de um intermediário, "terceiro incluso" que o Livro de Salomão chama de *Sophia*, e São João chama de *Logos*.

É preciso igualmente lembrar toda a importância, particularmente para São João, mas também para Paulo de Tarso, deste Livro da Sabedoria. Foi ali que eles encontraram as palavras capazes de traduzir a revelação que lhes foi feita na pessoa de Yeshua, morto e ressuscitado em Jerusalém, e desta Boa-nova (Evangelho) que ele pediu que fosse transmitida para todos os povos.

O Livro da Sabedoria é realmente o livro que faz a articulação entre o Primeiro e o Segundo testamentos, assim como ele faz a articulação entre a revelação e a filosofia. À imagem desta Sabedoria que mantém unidos, "sem confundi-los, sem separá-los", *thanatos* e *athanatos*, o visível e o Invisível, a Eternidade e o tempo, o Infinito e o finito, o homem e Deus.

---

6. Cf. LÉVINAS, E. *À l'heure des nations*. De Minuit, 1988.

7. Os fariseus dirão que o dia em que o texto hebraico foi traduzido para o grego, é um dia tão triste quanto aquele em que foi erguido o bezerro de ouro; outros dirão que foi uma grande honra e uma providência para a língua bárbara de um pequeno povo obscuro ser traduzido para a língua da cultura e do universal.

Primeira parte
Tradução

I

1. Amai a justiça, vós que julgais a terra. Tende para com YHWH, "o Ser que faz ser tudo aquilo que é", pensamentos perfeitos e procurai-o na simplicidade do coração,

2. Porque Ele é encontrado pelos que o não tentam e se revela aos que não lhe recusam sua confiança e abertura;

3. Com efeito, os pensamentos tortuosos afastam do "Ser que é o que Ele é". Provar sua evidência inalcançável e incompreensível nos liberta de todas as dúvidas.

4. A Sabedoria não entrará na alma que deseja o infortúnio, ela não habita um corpo que permanece inconsciente.

5. O sopro santo que nos ordena é o oposto da perfídia, ele não anima os pensamentos estúpidos, ele não ama a injustiça.

6. Sim, a Sabedoria é um Sopro que ama os humanos, mas não deixará sem castigo o blasfemador pelo crime de seus lábios, porque YHWH/Deus, "o Ser que faz ser tudo aquilo que é", lhe sonda os rins, penetra até o fundo de seu coração e vela sobre sua verdade. O que diz a nossa língua, Ele ouve.

7. Com efeito, o Sopro de YHWH/Deus preenche o universo, e Ele que tem unidas todas as coisas, ouve toda voz.

8. Aquele que profere uma linguagem iníqua, não pode fugir dele e a justiça não o deixará escapar;

9. Pois as intrigas do ímpio serão expostas; seus murmúrios e cochichos chegarão até o Senhor.

10. Cuidado, portanto, com os rumores. Evitai que vossa língua se entregue à maledicência, pois uma palavra, mesmo dita em segredo, tem consequências. Uma boca que calunia e acusa com injustiça semeia a morte.

11. Acautelai-vos, pois, de queixar-vos inutilmente, evitai que vossa língua se entregue à crítica, porque até mesmo uma palavra secreta não ficará sem castigo e a boca que acusa com injustiça arrasta a alma à morte.

12. Não procureis a morte, não vos afastais da Vida, não atraís sobre vós a ruína pelas obras das vossas mãos.

13. YHWH/Deus, "o Ser que faz ser tudo aquilo que é" não é o autor da morte, a perdição dos vivos não lhe dá alegria alguma.

14. Ele criou tudo para a existência e para que tudo tenha acesso à eternidade; engendrar é um ato santo, a semente não é um veneno, o Hades (a morte) não é o fim ou o objetivo do ser humano.

15. Sim, a justiça é "não morte".

16. Mas a morte, os ímpios a chamam com o gesto e a voz. Crendo-a amiga, eles a cortejam, consomem-se de desejos e fazem aliança com ela; de fato, eles colhem os frutos do seu pacto.

II

1. Eles afirmam, com efeito, nos seus pseudorraciocínios: nossa vida "é para a morte", ela é triste e curta; para a morte não há remédio algum; não há notícia de ninguém que tenha voltado da região dos mortos.

2. Um belo dia nascemos e, depois disso, seremos como se jamais tivéssemos sido! É fumaça a respiração de nossos narizes, e nosso pensamento, uma centelha que salta do bater de nosso coração!

3. Extinta ela, nosso coração se dissolve em cinzas, e o nosso sopro se dissipará como um vapor inconsistente!

4. Com o tempo nosso nome cairá no esquecimento, e ninguém se lembrará de nossas obras. Nossa vida passará como os traços de uma nuvem, desvanecer-se-á como uma névoa que os raios do sol expulsam, e que seu calor dissipa.

5. A passagem de uma sombra: eis a nossa vida, nada nem ninguém pode retardar seu fim, tal é nosso destino e nada nem ninguém pode voltar sobre seus passos.

6. Vinde, portanto! Aproveitemo-nos das boas coisas que existem! Vivamente gozemos desta vida mortal, com inocência e ardor.

7. Inebriemo-nos de vinhos preciosos e de perfumes, e colhamos as primeiras flores da primavera!

8. Coroemo-nos de botões de rosas antes que eles murchem!

9. Que as pradarias sejam testemunhas dos nossos excessos; em toda parte deixemos sinais de nossa alegria, pois é disso que somos capazes, esse é o nosso destino.

10. Tiranizemos o justo na sua pobreza, não poupemos a viúva, e não tenhamos consideração com os cabelos brancos do ancião!

11. Que a nossa força seja nossa lei e nossa justiça, porque a fraqueza é inconveniente.

12. Cerquemos o justo, porque ele nos incomoda; é contrário às nossas ações; ele nos censura por violar a Lei e nos acusa de infidelidade à nossa educação.

13. Ele se gaba de conhecer a Deus, e se chama a si mesmo filho de YHWH, "o Ser que faz ser tudo aquilo que é".

14. Sua existência é uma censura às nossas ideias; basta sua vista para nos importunar.

15. Sua vida, com efeito, não se parece com as outras, e os seus caminhos são muito diferentes.

16. Ele nos tem por uma moeda de mau quilate, e afasta-se de nossos caminhos como se carregássemos alguma mácula. Ele declara feliz o destino dos justos e vangloria-se de ter Deus por pai.

17. Vejamos, pois, se suas palavras são verdadeiras.

Examinemos qual será o seu fim

18. Porque, se o justo é filho de Deus, Deus o defenderá, e o tirará das mãos dos seus adversários.

19. Provemo-lo por ultrajes e torturas, a fim de conhecer a sua doçura e podermos medir sua paciência.

20. Condenemo-lo a uma morte infame. Porque, conforme ele diz: "Deus virá me visitar."

21. Assim pensam eles em seu desvario, mas enganam-se; sua perversidade os cega:

22. Eles desconhecem as intenções secretas de Deus, eles não sabem que há uma recompensa para a justiça e não acreditam na glorificação das almas puras.

23. YHWH/Deus, "o Ser que faz ser tudo aquilo que é", fez o homem incorruptível, e o fez à imagem da sua própria natureza.

24. É pelo espírito da divisão (*diabolos*) e da cobiça que a morte entra no mundo, aqueles que tomarem seu partido, suportarão as consequências.

III

1. Mas as almas dos justos estão na mão de YHWH/Deus, "o Ser que faz ser tudo aquilo que é" e nenhum tormento os tocará.

2. Aos olhos dos insensatos, eles estão mortos: seu desenlace é julgado como uma desgraça.

3. E sua viagem para longe de nós é tida por um aniquilamento, quando na verdade eles despertaram para a paz!

4. Se, aos olhos dos homens, eles suportaram um castigo, pela sua esperança (desejo), eles conhecem a imortalidade (a não morte, *athanasia*).

5. E por terem sofrido um pouco, receberão grandes bens. YHWH, "o Ser que faz ser tudo aquilo que é" os provou, Ele achou-os dignos de si.

6. Ele os provou como ouro na fornalha, e os acolheu como uma oferenda total (holocausto).

7. No dia do desvelamento, eles resplandecerão e correrão como centelhas na palha.

8. Eles julgarão as nações e supervisionarão os povos, YHWH/Deus reinará sobre eles para sempre.

9. Os que põem sua confiança nele compreenderão a verdade, e os que são fiéis habitarão junto a Ele no amor, a graça e a misericórdia são para os santos, sua visita é para os eleitos.

10. Mas os ímpios terão o castigo que merecem seus pensamentos, uma vez que desprezaram o justo e esqueceram-se da presença de YHWH, "o Ser que faz ser tudo aquilo que é".

11. Infelizes daqueles que desprezam a sabedoria e a educação, vazia é sua esperança, inúteis seus esforços, eles trabalham em vão,

12. Suas mulheres são insensatas e seus filhos malvados; a raça deles é maldita.

13. Feliz a mulher estéril, pura de toda a mancha, aquela que não conheceu nenhuma união culposa, ela será fecunda em sua alma.

14. Feliz o eunuco cuja mão não cometeu o mal, que não alimentou pensamentos perversos contra YHWH/Deus, porque ele receberá pela sua fidelidade uma graça de escol, e no templo "Daquele que É" ele receberá uma parte muito honrosa,

15. Pois o fruto dos trabalhos honestos é pleno de glória,

imperecível é a raiz da inteligência.

16. Quanto aos filhos dos adúlteros, a nada chegarão, e a raça que descende do pecado será aniquilada.

17. Ainda que vivam muito tempo, serão tidos por nada e, finalmente, sua velhice será sem honra.

18. Caso morram cedo, não terão nem esperança nem consolo no dia do julgamento.

19. À geração injusta, sorte violenta.

IV

1. Mais vale, para uma mulher, uma vida sem filhos, mas rica de virtudes; sua memória será imortal, porque será conhecida de Deus e dos homens.

2. Quando está presente, convidam-na; quando ela está ausente, lamentam sua ausência; ela leva na glória uma coroa eterna, por sair sem máculas da luta.

3. Mas para nada servirá, ainda que numerosa, a raça dos ímpios; procedendo de bastardos rejeitados, não estenderá raízes profundas, não se estabelecerá numa base sólida.

4. Ainda que por algum tempo estenda seus ramos, estando instavelmente assentada, será abalada pelo vento e, pela violência da tempestade, será desarraigada.

5. Os galhos serão quebrados antes do desenvolvimento, o fruto deles será perdido, verde demais para ser comido, e impróprio para qualquer uso,

6. Porque os filhos nascidos de uniões ilícitas serão no dia do juízo testemunhas a deporem contra a perversidade de seus pais.

7. Quanto ao justo, mesmo que morra antes da idade, gozará de repouso.

8. A honra da velhice não provém de uma longa vida, e não se mede pelo número dos anos.

9. Mas é a sabedoria que faz as vezes dos cabelos brancos; é uma vida pura que se tem em conta de velhice.

10. O justo agradou a Deus e foi por Ele amado e, como ele vivia entre os pecadores, assim (Deus) o mudou de condição.

11. Foi arrebatado por medo de que a malícia não lhe corrompesse o sentimento, nem que a astúcia lhe pervertesse a alma:

12. Porque a fascinação do vício atira um véu sobre a beleza moral, e o movimento da cobiça mina uma alma ingênua.

13. Tendo tornado-se perfeito em pouco tempo, ele percorreu uma longa carreira.

14. Sua alma era agradável a YHWH, "o Ser que faz ser tudo aquilo que é", e é por isso que Ele o retirou depressa do meio da perversidade. As multidões que veem esse modo de agir não o compreendem e não refletem sobre isto:

15. Que a graça e a misericórdia são para seus eleitos e sua visita para seus santos.

16. A morte do justo é um julgamento para os ímpios que continuam a viver; sua vida que se apagou rápido demais condena a vida longa do ímpio.

17. Eles verão a morte do santo e não compreenderão os desígnios de YHWH, "o Ser que faz ser tudo aquilo que é" a seu respeito. Ele descansa em paz.

18. Eles verão e mostrarão apenas desprezo, mas "o Ser que faz ser tudo aquilo que é" não será atingido.

19. Depois disso serão cadáveres sem honra, serão uma vergonha entre os mortos, através dos tempos. Eles se precipitarão, sua cabeça cairá em primeiro sem dizer uma palavra, suas entranhas serão abaladas, devastadas, eles serão entregues à dor, e a memória deles perecerá.

20. Quando fizermos o balanço dos seus crimes, eles comparecerão aterrorizados com a lembrança de seus pecados, e suas iniquidades se levantarão contra eles e os acusarão face a face.

V

1. Então, com grande confiança, o justo se levantará em face dos que o oprimiram e zombaram dos seus esforços.

2. Diante de sua vista serão tomados de grande pavor e ficarão estupefatos ao vê-lo salvo contra sua expectativa;

3. Tocados de arrependimento, dirão entre si, e gemendo na angústia de sua alma, sem fôlego dirão:

4. "Ei-lo, aquele de quem outrora escarnecemos e que era alvo dos nossos insultos; insensatos, julgamos sua vida como pura loucura e sua morte como uma infâmia.

5. Como, pois, foi ele escolhido entre os filhos de YHWH/Deus? Como compartilha ele o destino dos santos?

6. Portanto, nós nos desgarramos para fora do caminho da verdade, a luz da justiça não brilhou para nós e o sol não se levantou sobre nós!

7. Nós caminhamos até a aversão nas sendas da iniquidade e da perdição, erramos pelos desertos sem caminhos, mas a Vida de YHWH/Deus, o Ser soberano, nós não a conhecemos!

8. Do que nos serviu nossa arrogância?

O que nos trouxe a riqueza unida à arrogância?

9. Tudo isso desapareceu como sombra e dispersou-se como notícia que passa;

10. Como navio que fende a água agitada, sem que se possa reencontrar o rasto de seu itinerário, nem a esteira de sua quilha nas ondas.

11. Como o pássaro que, atravessando o ar em seu voo, não deixa após si o traço de sua passagem, mas, ferindo o ar com suas penas, fende-o com a impetuosa força do bater de suas asas, atravessa-o e logo nem se nota indício de sua passagem;

12. Como quando uma flecha, que é lançada ao alvo, o ar que ela cortou volta imediatamente à sua posição de modo que não se pode distinguir sua trajetória,

13. Assim, também nós, apenas nascidos, nós desaparecemos e não podemos mostrar traço algum de virtude, é na malícia que nossa vida se consumiu."

14. Assim a esperança do ímpio é como a poeira levada pelo vento e como uma leve espuma espalhada pela tempestade; ela se dissipa como o fumo ao vento, e passa como a lembrança do hóspede de um dia.

15. Mas os justos viverão eternamente; sua recompensa está em YHWH/Deus; o Altíssimo cuidará deles.

16. Eles conhecerão o Reino e o seu esplendor, eles receberão o diadema da beleza da mão do Senhor, porque os cobrirá com sua direita e os protegerá com seu braço.

17. Por armadura tomará seu zelo cioso. A criação será armada para afastar seus inimigos,

18. Tomará por couraça a justiça e por capacete a integridade no julgamento.

19. Ele se cobrirá com a santidade, como com um impenetrável escudo,

20. Afiará o gume de sua ira para lhe servir de espada, e o mundo se reunirá a Ele na luta contra os insensatos.

21. Os raios partirão como flechas bem dirigidas e, como de um arco bem distendido, voarão das nuvens para o alvo;

22. Uma balista fará cair uma pesada saraiva de ira; a água do mar se levantará em turbilhão contra eles e os rios os arrastarão impiedosamente.

23. O sopro do Todo-poderoso se insurgirá contra eles e os dispersará como um furacão, a iniquidade fará de toda a terra um deserto e a maleficência derribará os tronos dos poderosos!

VI

1. Ouvi e compreendei, ó reis, deixai-vos instruir, vós que governais até os confins da terra.

2. Prestai ouvidos, vós que reinais sobre as multidões e vos orgulhais da vastidão de nações que vos são confiadas.

3. Porque é do Ser soberano, "Aquele que faz ser tudo aquilo que é", que recebestes vosso poder, e é do Altíssimo que tendes a realeza; é Ele que examinará vossas obras e sondará vossos pensamentos!

4. Se vós, ministros do reino, não julgastes equitativamente, então não guardastes a sua lei nem realizastes a vontade de Deus.

5. Ele se apresentará a vós, terrível e inesperado, porque os grandes que dominam serão rigorosamente julgados.

6. O pequeno, com efeito, por compaixão será perdoado, mas os poderosos serão julgados sem piedade.

7. O Senhor de todos não fará exceção para ninguém, a grandeza o faz sorrir, porque, pequenos ou grandes, é ele que a todos criou, e de todos cuida igualmente;

8. Aos fortes ele reservou um severo julgamento.

9. É a vós, pois, ó príncipes deste mundo, que dirijo minhas palavras, para que aprendais a sabedoria e não resvaleis;

10. As coisas santas aos santos, aqueles que delas cuidarem serão santos; instruídos por elas, eles ali encontrarão sua defesa.

11. Adivinhais minhas palavras, deixai-vos inspirar por elas e vós vos tornareis sábios.

12. Resplandecente é a Sabedoria, e sua beleza é inalterável: ela se permite facilmente contemplar por aqueles que a amam, ela se deixa encontrar por aqueles que a buscam.

13. Os que a procuram, encontram-na. Ela antecipa-se aos que a desejam.

14. Quem, para procurá-la, levanta-se de madrugada, não terá trabalho, porque a encontrará sentada à sua porta.

15. Tomá-la em seu coração é, de fato, a perfeição da inteligência, e quem por ela vigia, em breve não terá mais preocupações.

16. Ela mesma vai à procura dos que são dignos dela; ela lhes aparece nos caminhos cheia de benevolência e vai ao encontro deles em todos os seus pensamentos,

17. Porque o início da Sabedoria é o desejo verdadeiro de ser por ela instruído, este desejo é amor pela Verdade. Amar a Sabedoria

é observar os seus ensinamentos, é a observação das suas leis, a atenção aos seus ensinamentos conduz à incorruptibilidade,

18. Mas amá-la é obedecer às suas leis, e obedecer às suas leis é a garantia da imortalidade.

19. Ora, a incorruptibilidade nos faz habitar junto de YHWH/ Deus, "o Ser que faz ser tudo aquilo que é";

20. Assim o desejo da sabedoria nos conduz à soberania.

21. Se, pois, cetros e tronos vos agradam, ó vós que governais os povos, honrai a Sabedoria e vosso reinado não terá fim.

22. Mas eu vou anunciar o que é a Sabedoria e qual foi sua origem. Não vos esconderei os seus mistérios; mas investigá-la-ei até sua mais remota origem; porei à luz o que dela pode ser conhecido, e não me afastarei da verdade.

23. Não imitarei aquele a quem a inveja consome porque isso é o contrário da sabedoria:

24. é no grande número de sábios que se encontra a salvação do mundo, e um rei sensato assegura a serenidade de seu povo.

25. Deixai-vos, pois, instruir por minhas palavras e nelas encontrareis grande proveito.

VII

1. Eu mesmo não passo de um mortal como todos os outros, descendente do primeiro homem formado da terra. Meu corpo foi cinzelado no ventre de minha mãe,

2. onde, durante dez meses, no sangue tomou consistência, da semente viril e do prazer ajuntado à união (conjugal).

3. Eu também, desde meu nascimento, respirei o ar comum; eu caí, da mesma maneira que todos, sobre a mesma terra, e como todos, nos mesmos prantos soltei o primeiro grito.

4. Envolto em faixas fui criado no meio de assíduos cuidados;

5. Porque nenhum rei conheceu outro início na existência;

6. Para todos a entrada na vida é a mesma e a partida semelhante.

7. Assim implorei e a inteligência me foi dada. Supliquei e o espírito da Sabedoria veio a mim.

8. Eu a preferi aos cetros e tronos, e avaliei a riqueza como um nada ao lado da Sabedoria.

9. Não comparei a ela a pedra preciosa, porque todo o ouro ao lado dela é apenas um pouco de areia, e porque a prata diante dela será tida como lama.

10. Eu a amei mais do que a saúde e a beleza, e gozei dela mais do que da claridade do sol, porque a claridade que dela emana jamais se põe.

11. Com ela me vieram todos os bens, e nas suas mãos inumeráveis riquezas.

12. De todos esses bens eu me alegrei, porque é a Sabedoria que os guia, mas ignorava que ela fosse sua mãe.

13. Aquilo que aprendi sem fraude, eu comunicarei sem inveja e não conservarei para mim a riqueza que nela encerra,

14. Porque ela é para os homens um tesouro inesgotável; e os que a adquirem preparam-se para se tornar amigos de YHWH/Deus, "o Ser que faz ser tudo aquilo que é" recomendados (a Ele) pela educação que ela lhes dá.

15. Que YHWH/Deus me permita falar com inteligência e ter pensamentos dignos dos dons que recebi, porque é Ele mesmo quem guia a Sabedoria e o caminho dos sábios,

16. Porque nós estamos nas suas mãos, nós e nossos discursos, toda a nossa inteligência e nosso saber prático;

17. Foi Ele quem me deu o infalível conhecimento dos seres, a verdadeira ciência de todas as coisas, quem me fez conhecer a constituição do mundo e as virtudes dos elementos,

18. O começo, o fim e o meio dos tempos, a sucessão dos solstícios e as mutações das estações,

19. Os ciclos do ano e as posições dos astros,

20. A natureza dos animais e os instintos dos brutos, os poderes dos espíritos e os pensamentos dos homens, a variedade das plantas e as propriedades das raízes.

21. Tudo que está escondido e tudo que está aparente eu conheço: porque foi a sabedoria, criadora de todas as coisas, que mo ensinou.

21. Há nela, com efeito, um espírito (sopro) inteligente, santo, único, múltiplo, sutil, móvel, penetrante, puro, claro, inofensivo, inclinado ao bem, agudo,

23. Livre, benéfico, benévolo, estável, seguro, livre de inquietação, que pode tudo, que cuida de tudo, que penetra em todos os espíritos, os inteligentes, os puros, os mais sutis.

24. Mais ágil que todo o movimento é a Sabedoria; ela atravessa e penetra tudo, graças à sua pureza.

25. Ela é um sopro do poder de YHWH/Deus, "o Ser que faz ser tudo aquilo que é", uma emanação límpida da glória do Todo-poderoso; assim mácula nenhuma pode insinuar-se nela.

26. É ela uma efusão da luz eterna, um espelho sem mancha da atividade de YHWH/Deus e um ícone da sua bondade.

27. Embora única e "una", ela tudo pode; imutável em si mesma, renova todas as coisas. Ela se derrama de geração em geração nas almas santas e forma os amigos e os profetas de Deus,

28. Porque YHWH/Deus, "o Ser que faz ser tudo aquilo que é" somente ama quem vive com a Sabedoria!

29. É ela, com efeito, mais bela que o sol e ultrapassa as constelações. Comparada à luz, ela se sobreleva,

30. Porque à luz sucede a noite, enquanto que, contra a Sabedoria, o mal não prevalece.

VIII

1. Ela estende seu vigor de uma extremidade do mundo à outra e governa o universo com bondade.

2. Eu a amei e procurei desde minha juventude, esforcei-me por tê-la por esposa e me enamorei de seus encantos e beleza.

3. Ela realça e faz brilhar sua nobre origem ao viver na intimidade de YHWH/Deus, pois ela é amada pelo Senhor de todas as coisas.

4. Ela é iniciada na ciência do "Ser que faz ser tudo aquilo que é" e é ela quem decide de suas obras.

5. Se a riqueza é um bem desejável na vida, que há de mais rico que a Sabedoria que tudo criou?

6. E, se é a inteligência que opera, o que, então, mais que a Sabedoria, é artífice dos seres?

7. Amamos a justiça? Seus trabalhos são as virtudes; ela ensina a temperança e a prudência, a justiça e a força: não há ninguém que seja mais útil aos homens na vida.

8. Se alguém deseja uma vasta experiência, ela sabe o passado e discerne o futuro; conhece as sutilezas oratórias e resolve os enigmas; prevê os sinais e os prodígios, e o que tem que acontecer no decurso das épocas e dos tempos.

9. Portanto, resolvi tomá-la por companheira de minha vida, cuidando que ela será para mim uma boa conselheira, e meu encorajamento nos cuidados e na tristeza.

10. Graças a ela, meu nome será conhecido entre os povos e, embora jovem como sou, terei o respeito dos anciãos.

11. Reconhecerão a penetração de meu julgamento no exercício da justiça. Os príncipes deste mundo ficarão admirados em minha presença.

12. Se me calo, esperarão que eu fale; se falo, estarão atentos; e se prolongo meu discurso, levarão a mão à boca.

13. Por meio dela obterei a imortalidade e deixarei à posteridade uma lembrança inesquecível.

14. Governarei povos e as nações.

15. Ao ouvirem meu nome, os príncipes deste mundo estarão cheios de temor; mostrar-me-ei bom com o povo e valoroso no combate.

16. Recolhido em minha casa, repousarei junto dela, porque a sua convivência não tem nada de desagradável e sua intimidade nada de fastidioso; viver em sua intimidade traz o prazer, o contentamento e a alegria.

17. Meditando comigo mesmo nesses pensamentos e considerando em meu coração que a imortalidade se encontra na intimidade e na aliança com a Sabedoria,

18. Em sua afeição uma nobre alegria, no trabalho de suas mãos uma riqueza inesgotável, na frequentação assídua da sua inteligência e da glória de entreter-se com ela.... saí à sua procura, procurando como estar com ela.

19. Eu era um menino feliz por natureza, dotado de uma alma excelente,

20. Ou antes, como era bom, eu vim a um corpo intacto;

21. Mas, consciente de não poder possuir a sabedoria, a não ser por dom de YHWH, "o Ser que faz ser tudo aquilo que é"... e já

era inteligência o saber de onde vem o dom, eu me voltei para o Senhor e invoquei-o, do fundo do coração.

IX

1. Deus de nossos Pais e Senhor de Misericórdia. Vós, que pelo vosso *Logos* fizestes todo o universo,

2. E que, por vossa *sophia*, formastes o homem para cuidar das criaturas que fizestes,

3. Para governar o mundo na santidade e na justiça, e proferir seu julgamento na retidão de sua alma,

4. Dai-me a sabedoria que partilha do vosso trono, e não me rejeiteis como indigno de ser um de vossos filhos.

5. Sou, com efeito, vosso servo e filho de vossa serva, um homem fraco, cuja existência é efêmera, pouco apto a compreender a justiça e as leis;

6. Porque qualquer homem, mesmo perfeito entre os homens, não será nada se lhe falta a sabedoria que vem de Vós.

7. Ora, Vós me escolhestes para ser rei de vosso povo e juiz de vossos filhos e de vossas filhas.

8. Vós me ordenastes construir um templo sobre vossa montanha santa e um altar na cidade em que fixastes vossa tenda, imitação da tenda sagrada que Vós preparastes desde o princípio.

9. Mas ao lado de Vós está a sabedoria que conhece vossas obras; ela estava presente quando fizestes o mundo, ela sabe o que é agradável aos vossos olhos, e o que se conforma aos vossos mandamentos.

10. Fazei-a, pois, descer de vosso santo céu, e envia-a do trono de vossa glória, para que, junto de mim, tome parte em meus trabalhos, e para que eu saiba o que vos agrada.

11. Com efeito, ela sabe e conhece todas as coisas; prudentemente guiará meus passos, e me protegerá no brilho de sua glória.

12. Assim, minhas obras vos serão agradáveis; governarei vosso povo com justiça, e serei digno do trono de meu pai.

13. Que homem, pois, pode conceber a vontade de YHWH, "o Ser que faz ser tudo aquilo que é"? Quem pode penetrar nas determinações do Senhor?

14. Tímidos são os pensamentos dos mortais, e instáveis suas reflexões: um corpo corruptível, de fato, torna a alma pesada e esta tenda de argila oprime o espírito carregado de múltiplas preocupações.

15. Mal podemos compreender o que está sobre a terra, dificilmente encontramos o que temos ao alcance da mão. Quem, portanto, pode descobrir o que se passa no céu?

16. E quem conhece vossas intenções, vossa vontade, se Vós não lhe tiverdes dado a sabedoria, e enviado do mais alto dos céus vosso Espírito Santo?

17. Assim se tornaram direitas as veredas dos que estão na terra; assim os homens foram instruídos, aprenderam as coisas que vos agradam e pela vossa sabedoria foram salvos...

X

1. Foi a Sabedoria que protegeu o primeiro modelo, o ancestral dos homens na solidão onde ele foi criado. Depois, ela arrancou-o da sua própria transgressão,

2. e deu-lhe a força para cuidar de todas as coisas.

3. Mas o homem injusto, na sua ira, dela se afastou e sucumbiu ao seu furor fratricida.

4. E estando a terra submersa por causa dele, a Sabedoria de novo o salvou, conduzindo o justo num lenho sem valor.

5. E quando as criaturas unânimes foram confundidas no mal, foi ela que distinguiu o justo, o manteve irrepreensível diante de Deus, e lhe permitiu suplantar o amor que ele tinha pelo seu filho.

6. Foi ela que, quando do aniquilamento dos ímpios, salvou o justo, subtraindo-o ao fogo que descera sobre as cinco cidades,

7. Cuja perversidade ainda no presente é testemunhada por uma terra fumegante e deserta, onde as árvores carregam frutos incapazes de amadurecer, e onde está erigida uma coluna de sal, memorial de uma alma incrédula.

8. Porque aqueles que se esqueceram da Sabedoria, tornam-se não apenas incapazes de conhecer o belo, eles deixam à posteridade a lembrança da sua loucura, seus pecados não ficarão ocultos.

9. Quanto aos que a honram, a Sabedoria os liberta de sofrimentos;

10. Foi ela que guiou o justo que foge da ira do seu pai andando por caminhos estreitos; ela mostrou-lhe o Reino de Deus e deu-lhe o conhecimento das coisas santas, o fez prosperar no meio das suas fatigas, ajudou-o nos seus trabalhos e fez frutificar seus esforços;

11. Cuidou dele contra ávidos opressores e o fez conquistar riquezas;

12. Ela o protegeu contra seus inimigos e o defendeu dos que lhe armavam ciladas; e no duro combate, deu-lhe vitória, a fim de que ele soubesse que a oração é mais poderosa do que tudo.

13. Ela não abandonou o justo vendido, mas preservou-o do pecado e do mal.

14. Desceu com ele à prisão, e não o abandonou nas suas cadeias, até que lhe trouxe o cetro do reino e o poder sobre os que o tinham oprimido; revelou-lhe a mentira de seus caluniadores e conferiu-lhe uma glória eterna.

15. Foi ela que libertou o povo santo e a raça irrepreensível das nações que o tiranizavam;

16. Entrou na alma do servo de YHWH/Deus e se opôs, com sinais e prodígios, a reis temíveis.

17. Deu aos santos o galardão de seus trabalhos, conduziu-os por um caminho miraculoso; durante o dia serviu-lhes de proteção e deu-lhes a luz dos astros, durante a noite.

18. Fê-los atravessar o Mar Vermelho, e deu-lhes passagem através da massa das águas,

19. Ao passo que engoliu seus inimigos e depois os tirou das profundezas do abismo.

20. Também os justos, depois de despojados os ímpios, celebraram, YHWH/Deus, vosso santo nome e louvaram, unidos em uma única voz, a "mão" que os protegera.

21. Porque a Sabedoria abriu a boca aos mudos, e tornou eloquente a língua das crianças.

XI

1. Pela mão de um santo profeta, ela alargou seu caminho.

2. Eles atravessaram um deserto inabitado, e levantaram suas tendas em lugares ermos;

3. Resistiram aos que os odiavam, e repeliram seus inimigos.

4. Tiveram sede e clamaram a Vós: do rochedo abrupto a água lhes foi dada, e da pedra seca estancaram sua sede.

5. Porque os castigos que tinham servido para punir seus inimigos, foram-lhes uma consolação na sua aflição.

6. Em lugar do jorrar imperecível das águas de um rio turvadas de sangue e lama, consequência de um decreto infanticida,

7. Vós lhes destes, de maneira inesperada, água em abundância,

8. Mostrando-lhes, pela sede que então sofreram, como punistes seus inimigos.

9. Pelas suas provações, mesmo limitadas pela vossa misericórdia, eles souberam quais tormentos devem ter sofrido os ímpios quando eles suportaram vossa ira e vosso julgamento.

10. A estes provastes como um pai que corrige, mas a outros provastes como um rei severo que condena.

11. Tanto estando longe como perto, a dor os consumiu da mesma forma,

12. Uma dupla tristeza tomou conta deles, assim como um gemido à lembrança dos males passados.

13. Quando eles compreenderam, com efeito, que o que era para eles castigo, era para outros ocasião de benefício, sentiram a mão de YHWH, "o Ser que faz ser tudo aquilo que é",

14. E aquele que, outrora exposto e abandonado, tinham repelido com zombaria, admiraram-no finalmente, porque sofreram uma sede diferente da sede do justo.

15. Em razão de seus pensamentos estúpidos e injustos que os faziam extraviar-se, fazendo-os cultuar répteis sem discernimentos e vis animais, Vós lhes enviastes como castigo uma multidão de animais estúpidos,

16. A fim de que compreendessem que por onde cada um peca, será punido.

17. Não era difícil à vossa mão todo-poderosa, que formou o mundo (*cosmos*) da matéria informe, mandar contra eles bandos de ursos e de leões ferozes,

18. Ou animais desconhecidos recentemente criados, cheios de furor, cuspindo fogo pelo sopro das suas narinas, espalhando um fumo infecto, ou lançando de seus olhos faíscas terríveis,

19. Capazes não só de os exterminar com seus golpes, mas ainda de os matar de terror só pelo seu aspecto.

20. E, mesmo sem isso, eles poderiam perecer por um sopro, perseguidos pela vossa justiça e aniquilados pelo vosso poder; mas dispusestes tudo com medida, quantidade e peso,

21. Vosso poder imenso está sempre à vossa disposição, e quem poderá resistir à força de vosso braço?

22. O mundo inteiro está em Vós, este "quase nada" que faz pender a balança, como uma gota de orvalho, que desce de madrugada sobre a terra.

23. Mas Vós tendes compaixão de todos, porque Vós podeis tudo; fechais os olhos aos pecados dos homens para que eles voltem a Vós.

24. Vós amais todos os seres, nada vos desgosta de tudo o que fizestes.

25. Sem Vós: nada. Como poderia subsistir a mínima coisa, se não o tivésseis querido, e conservar a existência, se por Vós não tivesse sido chamada?

26. Vós protegeis todas as coisas, porque todas as coisas são vossas, Vós, Mestre que ama a vida.

XII

1. Vosso Espírito incorruptível está em tudo aquilo que fazes existir.

2. Assim é com brandura que trazes a Vós aqueles que vos esqueceram, e os advertis mostrando-lhes em que pecam, a fim de que renunciem à ilusão e creiam em Vós, Senhor, "o Ser que é e que faz ser tudo aquilo que é".

3. Foi assim que se deu com os antigos habitantes da terra santa.

4. Tínheis aversão deles por causa de suas obras detestáveis, atos de feitiçaria e seus ritos ímpios,

5. Esses impiedosos matadores de crianças, comedores de festins de entranhas, carne humana e sangue, membros de confrarias para iniciações nos mistérios orgíacos,

6. Esses pais assassinos de crianças indefesas, Vós queríeis aniquilá-los pela mão de nossos pais,

7. Para que esta terra, abençoada entre todas, recebesse uma digna linhagem de filhos de Deus.

8. Contudo, mesmo os ímpios, Vós os poupastes porque também eles eram homens, enviando-lhes vespas precursoras de vosso exército, para que elas os exterminassem pouco a pouco.

9. Poderíeis ter entregue os ímpios às mãos dos justos em uma única batalha, ou aniquilá-los de um único golpe por meio de bestas ferozes ou de vossa palavra cortante.

10. Mas exercendo progressivamente vossa justiça, castigando-os pouco a pouco, dáveis tempo para o arrependimento, não ignorando seu vício e perversidade. Essa mentalidade que se recusa à transformação, e que jamais seus pensamentos se mudariam,

11. porque sua estirpe era má desde a origem... Não era por temor do que quer que fosse que Vós mostráveis indulgente para com eles em seus pecados.

12. Porque, quem ousará dizer-vos: "Que fizeste Tu?" E quem se oporá a vosso julgamento? Quem vos repreenderá de terdes

aniquilado nações que criastes? Ou quem se levantará contra Vós para defender os criminosos?

13. Não há, fora de Vós, um Deus que se ocupa de tudo, e a quem deveis mostrar que nada é injusto em vosso julgamento;

14. Nem um rei, nem um soberano que vos possa resistir em favor dos que castigastes.

15. Mas porque sois justo, governais com toda a justiça, e julgais indigno de vosso poder condenar quem não merece ser punido.

16. Porque vossa força é vossa justiça. O fato de serdes Senhor de todos, torna-vos indulgente para com todos.

17. Mostrais vossa força aos que não creem no vosso poder, e confundis os que a não conhecem e ousam afrontá-la.

18. Senhor de vossa força, julgais com serenidade e bondade. Vós nos governais com grande indulgência, porque sempre vos é possível empregar vosso poder, basta para isso quereres.

19. Agindo desta maneira, mostrastes a vosso povo que o justo deve amar os homens, e inspirastes a vossos filhos a boa esperança de que, após o pecado, lhes dareis tempo para a penitência;

20. Porque se punistes os inimigos de vossos filhos, prometidos à morte, Vós os haveis castigado com tanta atenção e indulgência, dando-lhes tempo e ocasião para renunciarem à sua perversidade,

21. Com quanto cuidado não julgareis Vós os vossos filhos, a cujos antepassados concedestes com juramento vossa aliança, repleta de ricas promessas!

22. Portanto, Vós nos educais quando corrigis mil vezes mais nossos inimigos para que possamos pensar em vossa bondade quando julgamos e quando somos julgados para assim nos lembrarmos de vossa misericórdia.

23. Por isso também aqueles que em sua loucura levaram uma vida injusta, Vós os torturastes por meio das suas próprias abominações:

24. Porque tinham ido longe demais no caminho do erro, tomando por deuses os mais vis e mais desprezíveis animais, deixando-se enganar como meninos antes da idade da razão;

25. Assim é que, como a meninos sem razão, jovens inconscientes, lhes destes um castigo irrisório.

26. Mas os que recusam a advertência de semelhante correção sofrerão um castigo mais justo.

27. Eles serão castigados pelos mesmos que eles tomavam por deuses, eles abrirão, então, os olhos e verão Aquele que eles não quiseram reconhecer, Ele que é o único verdadeiro Deus. Por isso caiu sobre eles a condenação final.

XIII

1. São vãos e insensatos todos os homens que se comprazem da sua ignorância e recusam-se a conhecer YHWH/Deus. Eles não reconhecem a partir das realidades visíveis a presença invisível que as faz ser. Eles observam as obras sem considerar o artesão.

2. Eles adoram o fogo, o vento, o ar agitável, a esfera estrelada, a água impetuosa e os astros, eles fazem desses elementos deuses que governam o curso do mundo.

3. Se são seduzidos pela beleza dos seres e tomaram essas coisas por deuses, encantados pela sua beleza, saibam, então, quanto seu Senhor prevalece sobre elas, porque é o criador da beleza que fez estas coisas.

4. Se o que os impressionou é a sua força e o seu poder, que eles compreendam, por meio da força e da energia, o poder que está em sua origem.

5. Pois é a partir da grandeza e da beleza das criaturas que, por analogia, se conhece o Ser que as faz ser.

6. Contudo, esses homens só incorrem numa ligeira censura; porque, talvez, eles caíram no erro procurando YHWH/Deus e querendo encontrá-lo:

7. Talvez os seus olhos tenham sido detidos por aquilo que eles viram e seu conhecimento tenha sido interrompido por aquilo que eles sabem?

8. Ainda uma vez, entretanto, eles não são desculpáveis,

9. Porque, de que serve sua ciência, se eles não reconhecem a fonte dela e a origem de tudo aquilo que existe? Se eles possuíram luz suficiente para poder perscrutar a ordem do mundo, como não encontraram eles mais facilmente aquele que é seu Senhor?

10. Infeliz aquele que coloca a sua esperança em seres mortais, aqueles que chamaram de deuses a obras de mãos humanas: o ouro, a prata, artisticamente trabalhados, representações de seres vivos, o culto das velhas pedras e das antigas ruínas, alguma pedra inútil, a que, outrora, certa mão deu forma.

11. Assim, um lenhador cortou e serrou uma árvore fácil de transportar. Habilmente ele lhe tirou toda a casca, e com a habilidade do seu ofício fez dela um objeto útil para seu uso, destinado a diversas necessidades.

12. Com as sobras de seu trabalho, cozinhou comida, com que se saciou.

13. O que ainda lhe restava não era bom para nada, não passando de madeira torcida e toda cheia de nós; contudo, ele a tomou e consagrou suas horas de lazer a talhá-la;

14. ele a trabalhou com toda a arte que adquirira e lhe deu a semelhança de um homem ou o aspecto de algum vil animal. Pôs-lhe vermelhão, uma demão de uma tinta encarnada, e encobriu-lhe cuidadosamente todo defeito.

15. Em seguida, preparou-lhe um nicho digno dele e o fixou à parede, segurando-o com um ferro:

16. Foi por medo que caísse que tomou esse cuidado, porque sabe muito bem que uma coisa não pode vir em seu socorro. É uma representação que não tem nenhum poder em si mesma.

17. No entanto, ele lhe implora para receber bens, ele lhe confia seu casamento, seus filhos. Ele não se envergonha por se dirigir a um objeto sem consciência, de falar ao que é inanimado, e pede saúde ao que é desprezível e sem força.

18. Pela sua vida, ele implora a uma coisa morta, para sua proteção, ele suplica àquilo que não pode ser de nenhuma ajuda, para suas viagens, invoca o que não pode andar;

19. Para um lucro, um trabalho, o bom êxito de uma obra de suas mãos, ele pede a força e o vigor ao que nem é capaz de mover as mãos.

XIV

1. Há aquele que, por sua vez, quer navegar e se prepara para atravessar as impetuosas ondas; ele invoca aos brados um madeiro de pior qualidade que o navio que o leva,

2. porque o desejo do lucro concebeu o navio, e uma sabedoria artesã dirigiu sua construção.

3. Mas é a Providência, ó Pai, que segura o leme: se abristes caminho, mesmo no mar, e uma rota segura no meio das ondas

4. mostrando por aí que Vós podeis tirar do perigo aquele que as afronta e mesmo sem experiência podemos navegar.

5. Vós não quereis que as obras da vossa sabedoria sejam estéreis e é por isso que os homens confiam a própria vida a uma embarcação frágil, atravessando tempestades e permanecendo sãos e salvos.

6. Assim, com efeito, quando na origem dos tempos fizestes perecer gigantes orgulhosos, a esperança do universo, refugiando-se em uma arca de madeira, que vossa mão governava, deu aos séculos que se seguiram o germe de uma nova geração.

7. Bendito seja o madeiro pelo qual chega a justiça,

8. mas maldito é o ídolo e o idólatra; este porque o formou e esta coisa corruptível por ter sido chamada de deus.

9. Com efeito, YHWH/Deus, "o Ser que é e que faz ser tudo aquilo que é" não tolera o ídolo e o seu idólatra.

10. E a obra sofrerá o mesmo castigo que o autor; os dois serão destruídos.

11. O julgamento divino tocará até mesmo a idolatria das nações, pois os ídolos são aberrações, um escândalo para a alma, uma armadilha sob os pés dos insensatos.

12. A invenção dos ídolos está na origem da prostituição, sua realização é uma corrupção da vida, e sua invenção foi a perda dos humanos.

13. Eles não existiam no princípio e não durarão para sempre;

14. A vaidade e a superficialidade do discernimento dos homens os introduziram no mundo, e é por causa disso que elas podem existir, mas elas não têm futuro.

15. Um pai aflito por um luto prematuro, tendo mandado fazer a imagem do filho, tão cedo arrebatado, honrou, em seguida, como a um deus aquele que não passava de um morto e transmitiu aos seus certos ritos secretos e cerimônias.

16. Este costume ímpio, tendo-se firmado com o tempo, foi depois observado como lei. Foi também em consequência das ordens dos príncipes que se adoraram imagens esculpidas,

17. porque aqueles que não podiam honrar pessoalmente, face a face, porque moravam longe, fizeram representar o que se achava

distante, reproduziram sua vã aparência e fizeram estátuas do rei venerado para honrá-lo a fim de lisonjeá-lo de longe com seu zelo, como se estivesse presente.

18. Aqueles mesmo que não conheciam o rei foram levados, pela ambição do artista, a estender seu culto a ele.

19. Desejosos sem dúvida de agradar ao mestre, eles o representaram mais belo do que a natureza.

20. E a multidão, seduzida pelo encanto da obra, em breve tomou por objeto de adoração aquele que tinham honrado como homem.

21. E isto foi uma cilada para a vida: os homens, escravos do infortúnio ou do poder, deram à pedra e à madeira o nome do inominável.

22. Como se não bastasse terem errado acerca do conhecimento de Deus, mas vivendo nas dualidades que engendram a ignorância, eles deram à loucura o nome de paz.

23. Com seus ritos infanticidas, seus mistérios ocultos, suas orgias frenéticas, seus hábitos insensatos

24. eles já não respeitam nem a vida nem a pureza em suas relações. Um suprime o outro insidiosamente, eles não guardam a honestidade nem na vida nem no casamento, mas um faz desaparecer o outro pelo ardil, ou o ultraja pelo adultério.

25. Por todo lado reina o tumulto, tudo está numa confusão completa – sangue, homicídio, furto, fraude, corrupção, deslealdade, revolta, perjúrio,

26. confusão dos valores, perseguição dos bons, esquecimento dos benefícios, contaminação das almas, inversão sexual, instabilidade das uniões, adultério e impudicícias.

27. Porque o culto desses ídolos impessoais (sem nome) é o começo, a causa e o fim de todo o mal.

28. (Seus adeptos) incitam o prazer até a loucura e o delírio, ou fazem vaticínios falsos, ou vivem na injustiça, ou sem escrúpulo, juram falso,

29. porque, confiando em ídolos inanimados e sem vida, esperam não ser punidos pela sua má-fé e seus falsos juramentos.

30. Contudo, um duplo castigo os atingirá por terem desprezado Deus, afeiçoando-se aos ídolos e por terem feito com malícia e esperteza falsos juramentos sem consideração, mas com desprezo pela Santidade.

31. Não é o poder daquele que é tomado como testemunha, mas a justiça que reage contra os pecados que sanciona a transgressão dos culpados. O castigo reservado ao pecador sempre persegue as faltas dos maus.

XV

1. Mas Vós, Deus nosso, Vós sois verdade e bondade, Vós sois paciência e misericórdia,

2. Com efeito, mesmo se pecamos, somos vossos, porque reconhecemos vossa soberania; mas não pecaremos, cientes de que somos considerados como vossos.

3. Porque conhecer-vos nos conduz à perfeita justiça, e conhecer vossa presença é a raiz da imortalidade.

4. As invenções humanas e a arte corruptora não nos afastaram de Vós, tampouco o trabalho estéril dos artesãos de ilusões com suas figuras borradas de cores díspares.

5. Sua visão desperta a paixão entre os insensatos e coloca coisas mortas como objetos de seu desejo, fantasma inanimado de uma imagem sem vida que provoca a paixão!

6. Cativados pelo mal, joguetes de tais esperanças, não merecem esperar senão o mal, os que o fazem, os que o amam e os que o veneram.

7. Eis, portanto, um oleiro que amassa laboriosamente a terra mole, e forma diversos objetos para nosso uso. No entanto, da mesma argila faz vasos destinados a fins puros e impuros, indiferentemente, para usos opostos. Para qual destes usos cada vaso será aplicado? O oleiro será o juiz.

8. Do mesmo barro, forma também, como obreiro perverso, um deus ilusório, ele que, ainda há pouco, nasceu da terra, e em breve voltará a ela, de onde foi tirado, quando lhe será pedida a alma que lhe foi emprestada.

9. Ele mesmo não tem preocupação alguma com a morte próxima nem com a brevidade da vida; ele rivaliza, pelo contrário, com aqueles que trabalham o ouro e a prata. Ele convida aqueles que fazem correr o bronze e têm orgulho em fabricar o falso.

10. Pó é o seu coração, mais vil que a terra sua esperança, e põe sua glória em fabricar objetos enganadores. Seu coração são cinzas, sua experiência é lama, argila sem sopro de vida. E mais desprezível que o barro é a sua vida,

11. pois ele ignora e não reconhece Aquele que o faz ser, Aquele que faz respirar nele a alma vivente e ativa, o espírito que dá a vida.

12. Aos seus olhos, a vida é um divertimento, um jogo de dados, e nossa existência um mercado lucrativo; porque, diz ele, é preciso aproveitar-se de tudo, mesmo do mal.

13. Mais do que qualquer outro, esse homem sabe que peca, fazendo do mesmo barro vasos frágeis e ídolos.

14. Ora, verdadeiramente, são todos insensatos, mais infortunados que os seres infantis, são os inimigos do vosso povo, esses opressores,

15. porque eles também tiveram por deuses todos os ídolos das nações, que têm olhos e não veem, que têm ouvidos e não ouvem, que têm nariz e não respiram, que têm mãos e não conseguem nada segurar entre seus dedos, que têm pés e não caminham.

16. Foi, com efeito, um homem que os fez, formou-os alguém que recebeu a alma de empréstimo. Nenhum homem pode fazer um ser ou um deus, mesmo semelhante a si próprio,

17. Porque, sendo ele próprio mortal, ele pode produzir apenas a morte, morto é tudo que produz com suas mãos ímpias. De fato, ele vale mais que os objetos que venera; ele, pelo menos, tem vida, enquanto os ídolos não a têm.

18. Eles adoram as representações das bestas mais monstruosas que suplantam as outras em monstruosidade,

19. pelo seu ponto de vista, não se encontra nada desta beleza que pode seduzir as verdadeiras bestas, eles são excluídos dos desígnios de Deus e da sua bênção.

XVI

1. Por isso os ímpios foram castigados pelos seres que se lhes assemelham e atormentados por uma multidão de animais.

2. Em vez do castigo, Vós favorecíeis vosso povo cobrindo-o de benefícios. Para satisfazer o ardor do seu apetite, ofereceste-lhe um alimento saboroso, codornizes.

3. De tal modo que aqueles, mau grado sua fome, diante do aspecto hediondo de animais enviados contra eles, experimentaram a náusea; estes, após uma curta privação, receberam um alimento maravilhoso.

4. Pois era preciso que os primeiros, os opressores, fossem oprimidos por uma insaciável fome, e que os outros observassem seus inimigos sofrendo as consequências dos seus atos.

5. Quando se abateu contra os vossos o furor das bestas venenosas e quando pereceram com a mordedura de sinuosas serpentes, vossa cólera não durou muito tempo.

6. Foi uma breve advertência antes de receber o sinal que lhes anunciava a salvação e lhes lembrava o mandamento da Lei.

7. E quem "se voltava" para Ele era salvo, não pelo que ele via, mas por Vós, Senhor, que sois o Salvador de todos.

8. Com isso mostráveis a vossos inimigos, que sois Vós que livrais de todo o mal.

9. Quanto a eles as mordeduras dos gafanhotos e das moscas os matavam e não se encontrou remédio para salvar sua vida, porque mereciam ser castigados por tais instrumentos;

10. mas a vossos filhos, mesmo os dentes de serpentes venenosas não os puderam vencer, porque sobrevindo a vossa misericórdia curou-os.

11. Eram picados, para que se lembrassem de vossas palavras e, em seguida, ficavam curados, para que não viessem a esquecê-las completamente e a subtraírem-se a si mesmos de vossos benefícios.

12. Não foi uma erva nem algum unguento que os curou, mas a vossa palavra que cura todas as coisas, Senhor.

13. Porque Vós sois senhor da vida e da morte. Vós conduzis às portas do inferno e de lá tirais;

14. o humano é capaz de matar por maldade, mas ele não pode fazer voltar o espírito uma vez saído, nem chamar de volta a alma que o inferno já recebeu.

15. Escapar à vossa mão é impossível,

16. e os ímpios, que recusaram conhecer-vos, foram fustigados pela força de vosso braço, perseguidos por chuvas e geadas

extraordinárias, saraivas e implacáveis tempestades e consumidos pelo fogo dos raios.

17. O que havia de mais admirável ainda, é que, na água que tudo extingue, o fogo tomava mais violência, porque o universo toma a defesa dos justos.

18. Ora, a chama temperava seu ardor para não queimar os animais enviados contra os ímpios, para que estes se apercebessem e reconhecessem que eram perseguidos pelo julgamento de Deus.

19. Ora, excedendo a sua força habitual, por vezes a água queimava com mais força do que um fogo para destruir os frutos de uma terra iníqua...

20. Mas, pelo contrário, foi com o alimento dos anjos que alimentastes vosso povo, e foi do céu que, sem fadiga, Vós lhe enviastes um pão já preparado, contendo em si todas as delícias e adaptando-se a todos os gostos.

21. Esta substância que dáveis se parecia com a doçura que mostráveis a vossos filhos. Ela se adaptava ao desejo de quem a comia, e transformava-se naquilo que cada qual desejava.

22. Neve e gelo suportavam o fogo sem se fundir, mostrando assim que as colheitas dos inimigos tinham sido destruídas pelo fogo que ardia na geada e lançava faíscas no meio da chuva.

23. É este mesmo fogo que, esquecendo o poder que lhe é próprio, permitia que os justos se alimentassem.

24. A criação que está a vosso serviço, a Vós, seu criador, torna-se perigosa para castigar os maus e injustos e benévola para aqueles que depositaram sua confiança em Vós.

25. Do mesmo modo, transformada em tudo que se queria, servia à vossa generosidade que a todos alimenta, segundo a vontade dos que dela tinham necessidade,

26. Para que os filhos que Vós amais, Senhor, aprendessem que não são os diferentes frutos da terra que alimentam o homem,

mas é vossa palavra que conserva em vida e faz crescer aqueles que creem em Vós.

27. O que não era destruído pelo fogo, fundia-se ao calor de um simples raio de sol,

28. para que se soubesse que é preciso antecipar-se ao sol para vos agradecer e para vos encontrar antes de raiar o dia;

29. porque a esperança do ingrato é como a geleira do inverno, que derreterá e se derramará como água inútil.

XVII

1. Em verdade, grandes e impenetráveis são vossos juízos, Senhor; por isso as almas grosseiras caíram no erro.

2. Por terem acreditado que podiam oprimir a santa nação, os ímpios, prisioneiros das trevas e encarcerados por uma longa noite, jaziam encerrados sob seus telhados, excluídos da Providência eterna.

3. Depois de terem imaginado que, com seus secretos pecados, ficariam escondidos sob o sombrio véu do esquecimento, eles se viram dispersados, como presa de um terrível espanto e amedrontados por alucinações.

4. Mesmo o canto mais afastado em que se abrigavam não os punha ao abrigo do terror: ruídos aterradores ressoavam em torno deles, e taciturnos espectros de lúgubre aspecto lhes apareciam.

5. Nenhuma chama, por intensa que fosse, chegava a iluminar. E a luz brilhante das estrelas era impotente para alumiar esta noite sombria.

6. Mas aparecia-lhes de súbito nada mais do que uma chama aterradora, e tomados de terror por esta visão fugitiva julgavam essas aparições mais terríveis ainda.

7. A arte dos mágicos se mostrou ilusória, e esta sabedoria, a que eles pretendiam, evidenciou-se vergonhosamente como falsidade.

8. Aqueles que se jactavam de banir das almas doentes o terror e a perturbação, eram eles mesmos atormentados por um ridículo temor.

9. Mesmo quando nada havia para aterrorizá-los, a passagem dos animais e o silvo das serpentes punham-nos fora de si,

10. e eles morriam de medo. Recusavam até mesmo respirar o ar ao qual nada podia escapar.

11. A perversidade revela-se singularmente covarde e condena-se a si mesma; sob o peso da consciência, supõe sempre o pior,

12. Pois o temor não é outra coisa que a privação dos socorros trazidos pela razão,

13. Porque, quanto menor for em sua alma a esperança de auxílio, tanto mais penosa é a ignorância daquilo de que se tem medo.

14. Sua noite foi realmente insuportável, saída dos recantos do inferno, aparvalhadas pelo sono,

15. agitados, de um lado, pelo terror dos espectros e paralisados, de outro, pela fraqueza da sua alma; pois era um pavor repentino e inesperado o que se abatera sobre eles.

16. E todo aquele que lá estivesse caía sem força, ficava como que preso e encerrado num cárcere sem ferros.

17. Fosse ele camponês ou pastor ou estivesse ocupado em trabalhos no deserto, uma vez surpreendido, tinha de suportar a inevitável necessidade.

18. Porque todos estavam ligados por uma mesma cadeia de trevas, o silvo do vento, o canto harmonioso dos passarinhos nos ramos espessos, o murmúrio da água correndo precipitadamente,

19. o estrondo das rochas que se despencavam,
a carreira invisível dos animais que saltavam,
os urros dos animais selvagens,
o eco que repercutia nas cavidades dos montes:
tudo os paralisava de terror.

20. Enquanto o mundo inteiro era alumiado de uma brilhante luz, e sem obstáculo se entregava às suas ocupações,

21. somente sobre eles se estendia uma pesada noite, imagem das trevas às quais estavam destinados. Eram para si mesmos um peso mais insuportável que esta escuridão.

XVIII

1. Vossos eleitos habitavam uma luz brilhantíssima, os outros ouviam-lhes a voz sem distinguirem suas formas, e julgavam-nos felizes por não sofrerem os mesmos tormentos.

2. Davam-lhes graças, porque não se vingavam dos maus tratos suportados, e pediam-lhes perdão pela sua hostilidade.

3. No lugar destas trevas, Vós destes uma coluna luminosa para guiá-los na sua viagem para o desconhecido como um sol inofensivo que iluminava seu glorioso êxodo.

4. Mas eles bem mereciam ser privados da luz e aprisionados nas trevas, eles, que tinham encerrado em prisões os vossos filhos, através dos quais a incorruptível luz da Lei deveria ser transmitida ao mundo.

5. Também tinham resolvido levar à morte os filhos dos vossos santos, um único foi salvo, e para puni-los fizestes perecer em multidão os seus filhos, e todos juntos, Vós os aniquilastes na profundeza das águas.

6. Esta mesma noite tinha sido conhecida de antemão por nossos pais, para que, conhecendo bem em que juramentos confiavam, ficassem cheios de coragem e se alegrassem,

7. ela foi aguardada pelo vosso povo como salvação dos justos e ruína dos inimigos.

8. De fato, pelo mesmo fato que puniu os adversários tornou-se para nós um título de glória e Vós nos convidastes a ser vossos e nos horastes.

9. Por isso, os piedosos descendentes dos justos ofereciam secretamente um sacrifício e de comum acordo estabeleceram juntos essa Lei divina: que os santos participariam dos mesmos bens e correriam os mesmos perigos; e entoavam já os cânticos de seus pais.

10. O clamor discordante dos inimigos lhes respondeu e a voz lamentosa daqueles que choravam seus filhos espalhou-se ao longe;

11. Uma mesma sentença feria o escravo e o senhor, o homem do povo sofria o mesmo castigo que o rei.

12. Todos igualmente tinham um número incalculável de mortos abatidos da mesma maneira; os sobreviventes não eram suficientes para sepultá-los porque, num instante, sua preciosa descendência foi destruída e exterminada.

13. Depois de terem permanecido incrédulos por causa de seus sortilégios, reconheceram, vendo morrer seus primogênitos, que esse povo era verdadeiramente filho de Deus.

14. Um silêncio pacífico envolvia todos os seres e a noite chegava ao meio de seu curso.

15. Vossa palavra todo-poderosa desceu dos céus e do trono real, e qual um implacável guerreiro, arremessou-se sobre a terra condenada à ruína tendo como adaga cortante vosso irrevogável decreto.

16. De pé, vossa palavra tudo encheu de morte e, pisando a terra, tocava os céus.

17. No mesmo instante, visões e sonhos terríveis os perturbaram, e temores inesperados os assaltaram;

18. tombando aqui e acolá, semimortos, revelavam a causa da morte que os atingia.

19. Porque os sonhos que os tinham agitado tinham-nos informado antecipadamente para que eles não perecessem sem conhecer a causa da sua desgraça.

20. Verdade é que a prova da morte feriu também os justos e numerosos foram os que ela abateu no deserto, mas a ira de Deus não durou muito tempo;

21. Porque um homem irrepreensível se apressou a tomar sua defesa, servindo-se de arcanos próprios do seu ministério; a oração e o incenso que apaziguam, ele opôs-se à ira e pôs fim à calamidade, mostrando que era vosso servo.

22. Dominou a revolta, não pela força física, nem pela força e eficácia das armas, mas pela sua palavra deteve aquele que castigava, relembrando-lhe a aliança estabelecida e os juramentos feitos aos nossos pais.

23. Já os mortos se amontoavam uns sobre os outros, quando ele interveio, deteve a cólera e afastou-a dos vivos.

24. Na sua longa vestimenta de *éphod* estava representado o universo inteiro; nas quatro fileiras de pedras estavam gravados os nomes gloriosos dos patriarcas; e no diadema de sua cabeça havia vossa majestade.

25. Diante destas coisas recuou o exterminador, ele teve medo, porque a simples demonstração de vossa ira era suficiente.

XIX

1. Quanto aos ímpios, inexorável foi a ira que os perseguiu até o fim: porque Deus previa o que eles haveriam de fazer,

2. Isto é, depois de terem deixado partir (os justos), instando mesmo que fossem embora, mudariam de opinião e os perseguiriam.

3. Na verdade, eles estavam ainda enlutados e gemiam sobre a tumba de seus mortos, quando loucamente tomaram outra resolução e perseguiram, como a fugitivos, aqueles aos quais tinham rogado que partissem.

4. Um merecido destino os impelia a esse proceder extremo e os atirava no olvido dos acontecimentos passados, para que sofressem, em meio a tormentos, um castigo completo,

5. e fossem feridos de uma morte insólita, enquanto vosso povo tentava uma extraordinária passagem.

6. É que toda a criação, obedecendo às vossas ordens, foi completamente remodelada em sua natureza, para que vossos filhos fossem conservados ilesos e preservados do mal.

7. Foi vista uma nuvem cobrir o acampamento e a terra seca surgir do que tinha sido água. O Mar Vermelho tornou-se uma passagem livre, um caminho viável e um campo verdejante emergiu das ondas impetuosas.

8. Por aí passou toda ela, como um único povo, aqueles que vossa mão protegia e que viram singulares prodígios.

9. Iam como cavalos conduzidos à pastagem e saltavam como cordeiros, glorificando-vos, Senhor, seu libertador,

10. Porque eles se lembravam ainda do que tinha acontecido no exílio, na terra estrangeira: como a terra, contrariando os animais da sua espécie, tinha produzido moscas, e como o rio, em lugar de peixes, tinha lançado fora uma multidão de rãs.

11. Mais tarde, viram ainda nascer uma nova espécie de pássaros, quando, premidos pela cobiça, pediram manjares delicados,

12. para satisfazê-los, codornizes subiram do mar.

13. Os castigos abateram-se sobre os pecadores, sem que fossem antes advertidos pela violência dos raios e das tempestades.

Suportavam justamente o castigo de sua própria maldade, porque tinham mostrado excessivo e cruel ódio pelo estrangeiro.

14. Houve muitos que não quiseram receber hóspedes desconhecidos que bateram à sua porta, mas estes reduziram à escravidão hóspedes que tinham sido benfeitores.

15. E isso não é tudo; haverá um castigo para aqueles que recusaram os estrangeiros de maneira hostil.

16. Mas estes, após terem festejado na alegria a vinda daqueles que participavam dos mesmos direitos, foram levados à estafa pelos trabalhos forçados.

17. Do mesmo modo, foram feridos de cegueira, como aqueles, às portas do justo, quando, envolvidos por uma profunda escuridão, procuravam, cada um de seu lado, o caminho para suas próprias portas.

18. Assim, os elementos mudavam suas propriedades entre si, como na harpa as notas modificam a natureza do ritmo conservando o mesmo som. É o que se pode verificar perfeitamente quando se consideram esses acontecimentos:

19. os animais terrestres tornavam-se aquáticos, os que nadam passavam à terra,

20. O fogo era mais violento debaixo da chuva, e a água esquecia a propriedade que tem de extingui-lo.

21. Além disso, as chamas não consumiam as carnes dos frágeis animais que as atravessavam, e não liquefaziam esse alimento celeste, semelhante ao gelo que se evapora facilmente.

22. Em todas as circunstâncias, Senhor, Vós exaltastes e glorificastes vosso povo, em todo o tempo e em todo lugar, Vós estais com ele, sempre e em todo lugar.

Segunda parte
Interpretações

Notas introdutórias aos comentários

Esses comentários permanecem fiéis ao mesmo método ou prática (*práxis*) de leitura que os precedentes (evangelhos, Apocalipse e epístolas de João, Evangelho de Tomé, Felipe, Maria, Qohelet, Jó, Jonas).

No espírito da *lectio divina* monástica, eles começam por um estudo da letra – é o trabalho filológico e exegético necessário à tradução. Esse estudo é seguido por um trabalho hermenêutico, o trabalho da interpretação que busca descobrir e dar à letra todo o seu sentido, ligado ao contexto e ao gênero literário, na época da redação etc.: "É através da Bíblia que compreendemos a Bíblia". Em seguida, vem o trabalho de integração à nossa época, aos seus questionamentos ou perguntas via a cultura, a subjetividade e a experiência interior daquele que interpreta. Será necessário acrescentar a felicidade da celebração e do agradecimento pela graça por vezes sensível de uma Presença que se dá na espessura do texto quando se faz palavra viva ("dizer" ao invés de "diz").

Pois se é enquanto homem sensato e autêntico (ciência e exegese), enquanto homem justo e direito (ético e filosófico) que devemos habitar a terra, é também enquanto poetas (poema e filocalia) que devemos fazê-lo.

Orígenes e os antigos falavam, a respeito da letra, sobre a interpretação carnal ou histórica da escritura, em seguida sobre a interpretação filosófica, psicológica ou moral, a respeito do sentido, para chegar à interpretação espiritual ou transformadora, que é o *Sod*[8] ou o segredo sobre o qual falam os sábios, a amêndoa nutritiva que se oferece àquele que não teve medo de exercitar seus dentes sobre a casca.

Diante de toda palavra, trata-se, é claro, de saber "quem" fala. De onde vem esta palavra ou esta escritura? Qual é a fonte da sua inspiração e da sua enunciação?

Mas devemos saber também que "a língua fala de si mesma"; a Bíblia não diz a mesma coisa quando ela fala em hebraico ou em grego (pré-massorético, Septuaginta, massoreta), em francês ou em alemão.

"A língua fala" e ela não fala "a mesma língua" para todos, há algo de intraduzível em cada língua.

No hebraico ou no grego dos textos bíblicos, diremos que é realmente o mesmo Espírito que fala; sim, mas Ele não diz "exatamente" a mesma coisa, daí as diferenças que por vezes encontramos, as divergências de interpretação segundo a Bíblia a qual fazemos referência.

Podemos compreender a interdição antiga de traduzir o Corão; isso é verdadeiro para todo texto "inspirado", seja o sânscrito, chinês, grego, hebraico ou árabe. Traduzir o intraduzível será sempre uma traição.

Eis o meu corpo, "entregue" para vós, dizia Yeshua, e é com a mesma palavra que diremos: "Judas "entregou" ou "traiu" o seu mestre": *Paradosis*, que quer dizer ainda "transmissão" ou "tradição". Traduzir é, assim, ao mesmo tempo trair, entregar e transmitir. Nós só podemos transmitir o que traduzimos, ou seja, aquilo que traímos.

---

8. Cf. LELOUP, J.-Y. *O Evangelho de João*. Ed. Vozes.

Traduzir é um trabalho do qual não podemos nos orgulhar. Toda palavra traduz e trai o silêncio, mas, sem ela, o silêncio é morte.

Minha leitura se afastará frequentemente deste processo que eu gostaria que fosse racional, rigoroso, progressivo (pedagógico).

É importante não ceder à tentação de "dominação". Então, eu deixaria correr a pluma, eu aceitaria as aproximações, as citações truncadas, por vezes os delírios e outras digressões, eu assumo esse sentimento de incompetência, de imperfeição, de insatisfação face ao texto sagrado. Outros, antes de mim, provaram esse tormento na releitura das suas interpretações (penso em Santo Agostinho, em Claudel, em sua maneira pastoral ou poética de ler as Escrituras sem, evidentemente, comparar-me a eles).

É preciso que eu deixe de lado todas as pretensões científicas de um "sujeito suposto saber" (o que podemos saber de Deus que seja maior do que Ele mesmo?) para ser um sujeito "suposto escutar" e que transcreve com paciência, fervor e esforço de exatidão aquilo que ele ouve, com todos os limites dos seus modos de percepção e do seu "acordo" com o mistério que o provoca.

I – Justiça, retidão, simplicidade

Sb 1,1. *Amai a justiça, vós que julgais a terra. Tende para com YHWH, "o Ser que faz ser tudo aquilo que é", pensamentos perfeitos e procurai-o na simplicidade do coração.*

O autor do Livro da Sabedoria apresenta-se como sendo Salomão; na qualidade de soberano, ele dirige-se a outros soberanos, aos "juízes da terra", aqueles que têm como missão fazer reinar o direito e a justiça na cidade, não apenas fazendo respeitar seus códigos e suas leis para que a vida social seja possível, mas também fazendo respeitar a Torá, a Lei que vem de Deus e que foi transmitida por Moisés. A justiça é, então, mais do que obediência jurídica a leis condicionadas pelos lugares e os tempos, é a obediência a uma lei inscrita no coração, que chamaremos mais tarde de consciência moral ou ética.

É justo aquele que "quer o bem" de tudo e de todos. "Dar a cada um aquilo que lhe é devido": a consideração e o respeito são devidos ao homem, a confiança e a adoração são devidas a YHWH, "o Ser que é e que faz ser tudo aquilo que é". A adoração não é, primeiro, um ato de religião, mas um ato de justiça. A justiça é o fruto de uma vontade boa e bem ordenada, ato de "retidão".

> Se a justiça desaparecer, aquilo que os homens vivem sobre a terra será uma coisa sem valor[9].

> De tudo aquilo que é possível conceber no mundo e mesmo, de uma maneira geral, fora do mundo, não há nada que possa ser irrestritamente tomado como bom, a não ser uma boa vontade. A inteligência, a fineza, a faculdade de julgar e os outros talentos do espírito, não importa por qual nome nós possamos designá-los, ou a coragem, a decisão, a perseverança nos desígnios, assim como a qualidade do temperamento são, sem sombra de dúvida, coisas boas e desejáveis, mas esses dons da natureza, podem tornar-se também extremamente ruins e funestos se a vontade que deve utilizá-los e cujas disposições próprias chamam-se, devido a isso, caráter, não forem boas[10].

Sabemos que o instrumento justo, nas mãos do homem não justo, tem efeitos não justos. A faca, entre as mãos do criminoso, não tem os mesmos efeitos que entre as mãos de um cirurgião. O Evangelho, a Torá, a *charia*, não têm os mesmos efeitos entre as mãos do inquisidor ou do fanático do que tem entre as mãos do sábio, do justo ou do santo.

---

9. KANT. *Doctrine du droit"*, II, 1. Remarque, p. 214 [trad. Philonenko].

10. KANT. *Fondements de la métaphysique des moeurs"*, I. Vrin, 1980, p. 55-56 [trad. Delbos-Philonenko].

Mas o que é uma vontade justa e boa se esta não estiver à "escuta" de um bem e de uma justiça soberana?

Se não fizermos referência a Deus no exercício da justiça, daremos então razão a Hobbes: *Auctoritas, non veritas, facit legem*: é a autoridade e não a verdade que faz a lei[11].

Apenas em Deus a autoridade e a verdade fazem um. A autoridade sem a verdade pode ser perversa, totalitarista; já a verdade sem a autoridade é impotente. Para o Livro da Sabedoria, nenhuma lei humana é capaz de manter unidas a verdade e a autoridade, apenas a lei de Moisés "divino-humana" é capaz disso; portanto é a Torá que deve inspirar todos os atos e os julgamentos, do justo e do juiz. Um justo não é apenas aquele que respeita a "legalidade" e a impõe aos outros, já que ela, caso não seja inspirada pelo Ser que é Verdade e Bem, pode ser injusta.

Alguns chegarão até mesmo a dizer: "Se ela não for inspirada pelo amor e pela misericórdia, a lei será injusta". "O eu é injusto em si, ele se coloca como centro de tudo e incomoda os outros, pois ele os quer subjugados, já que cada eu é o inimigo e gostaria de ser o tirano de todos os outros."

Quer se trate de um eu pessoal ou de um eu coletivo, os profetas de antes do exílio denunciam frequente e vigorosamente a injustiça dos juízes, a cupidez dos reis, a opressão dos pobres, e devido a essas desordens eles anunciam o infortúnio[12], eles fazem tomar consciência da dimensão moral e espiritual da injustiça, o que fora percebido como violação das regras ou dos costumes torna-se ultraje contra o Deus justo e santo, princípio de toda santidade e justiça.

O justo é feito à imagem de Deus – mais do que isso, diria Mestre Eckhart: "Ele é a própria justiça", "Deus encarnado", um *alter*

---

11. Texto latino de *O leviatã*, 11, cap. 26. Sirey, 1971, p. 295, nota 81 [trad. Tricaud].

12. Am 5,7,6,12; Is 5,7-23; Jo 13–15.

Christus, um outro Cristo. Mas o Livro da Sabedoria não é tão explícito assim, ele se contentará em anunciar que o amor, a paciência e o perdão[13] estão nele, indissociáveis da verdade e da autoridade.

A justiça é a Sabedoria em ação; será necessário, portanto, procurar primeiro "a Sabedoria" que é a *shekinah*, a presença de Deus (Yeshua dirá mais tarde: "o Reino de Deus") e a sua justiça; todo o resto (paz, igualdade, fraternidade, liberdade, felicidade etc.) nos será dado em acréscimo.

"Bem-aventurados aqueles que têm fome e sede de justiça" que não se resignam à injustiça e à mediocridade ambiente; bem-aventurados aqueles que têm fome e sede de justiça, no sentido de "harmonia" entre os homens e com a natureza e a fonte de tudo aquilo que vive e respira.

"Eles serão satisfeitos", nos diz o Evangelho; "o próprio Deus será seu alimento", já revelavam o Livro da Sabedoria e o Livro dos Provérbios. "A Sabedoria colocou a mesa, ao seu alimento ela mistura o vinho [...] Vinde, comei do meu pão, bebei o vinho que eu deitei para vós. Deixai a ignorância, vós viveis"[14].

Deixar a ignorância é "ter" os pensamentos direitos para com "o Ser que é e que faz ser tudo aquilo que é" e buscá-lo na simplicidade do coração.

O contrário da simplicidade é a duplicidade; ter o "coração duplo" é viver na dualidade.

Ser simples é ser sem dobras, sem estar voltado para si mesmo, ser um, "não dois" com tudo aquilo que é. Ser simples, a ponto de não mais perceber-se a si mesmo – não é isso a Sabedoria, que é consciência pura, consciência virgem, antes de ser consciência criadora, consciência mãe?

---

13. Cf. Aristóteles: "A equidade (um outro nome da justiça) é perdoar ao gênero humano". In: *Traité des vertus*, II, 2 [cit. e trad. de Jankélévitch].
14. Cf. Pr 9.

A simplicidade vem antes do pensamento, antes de toda "concepção" colocada em palavras, conceitos ou imagens daquilo que é.

É isso que está antes do pensamento "eu sou", antes do pensamento "eu penso", "eu vejo", "eu amo" ou "eu não amo".

A simplicidade do coração é a Sabedoria virgem, a generosidade do coração é a Sabedoria mãe; assim a Sabedoria é "virgem e mãe", assim como a consciência é "virgem e mãe", silenciosa e compassiva, não manifestada e manifestada, secreta e evidente. "É preciso tornar-se virgem para ser mãe", dizia Mestre Eckhart. É preciso ser simples e silencioso para que "nasçam" uma generosidade e uma compaixão autênticas em nós. O amor simples, o amor puro, não se preocupa em saber se ele ama; ele se dá simplesmente, sem dobras, sem voltar-se sobre si; ele corre da fonte, nós podemos reconhecê-lo pelo seu frescor, pela sua gratuidade, pela sua não expectativa de um retorno.

É a simplicidade que faz com que Deus seja incognoscível e é a simplicidade do coração que pode conhecê-lo. Apenas o silêncio conhece o silêncio.

"Procurar Deus na simplicidade do coração" é buscá-lo neste "obscuro e luminoso silêncio" que é também a nossa essência e a essência de tudo. Consciência pura, consciência virgem, onde aparecem e desaparecem o tempo e tudo aquilo que existe.

É ali que surge o nosso primeiro "eu", consciência de ser, "eu sou", mas já é consciência "de" alguma coisa ou de alguém, consciência "de", consciência dois, não é mais a Consciência una, a Consciência simples.

"Bem-aventurados os puros de coração, pois eles verão a Deus". Alguns traduzirão: "Bem-aventurados os corações vazios (pobres – simples), eles serão preenchidos de Deus". Puro de quê? ou vazio de quê? de todo pensamento, de toda representação, de toda "consciência de", ali onde começam as dualidades, sujeito-objeto, interior-exterior, visível-invisível etc.

Eles veem o Ser que é como ele é, Infinito que não se deixa definir, capturar, compreender ou pensar.

Se nós não somos capazes de estar nesta simplicidade do coração, nesta postura sem questionamentos, nesta abertura total dos sentidos e do espírito, nos resta ter "pensamentos retos", retos como as chamas que só podem elevar-se em direção ao céu antes de apagar-se nele, retos como uma árvore, voltados para a luz.

Um espírito reto, um pensamento reto, é um espírito, um pensamento voltado incessantemente para a luz e para o silêncio que vem antes dos pensamentos e está além deles. Sem este impulso, o pensamento volta-se sobre si mesmo; ele se curva, torna-se complexo, vergando-se em reflexos sinuosos. E como a árvore, se ela não estiver mais voltada para a luz, ela se desenraíza e apodrece. Tantos livros e bibliotecas exilados da Sabedoria, longe desses pensamentos retos e dessa simplicidade do coração que cheira a podridão! Mas este "composto" formado por todas as reflexões humanas nem sempre está perdido, basta que uma rosa se alimente e eleve-se deste esterco em direção à luz e "toda a casa será preenchida pelo seu perfume, esta é a Sabedoria, esta é a minha bem-amada, entre os livros", diria o sábio Salomão quando, colocando seus pensamentos "entre parêntesis" (*épokê*), prepara-se para cantar e celebrar seu Cântico dos cânticos.

Hino à relação infinita cujas relações humanas e cósmicas são um eco.

II – A sensibilidade, a fé, a abertura ao ser que é o que Ele é

*Sb 1,2. Porque Ele é encontrado pelos que não o tentam
e se revela aos que não lhe recusam sua confiança e abertura.*

O verbo "tentar" (no grego da Septuaginta, *peirazo*) será reencontrado na oração de Yeshua.

Peirasmos: Não nos deixeis sucumbir ou cair em tentação, ou literalmente, "em provação", ou seja, não nos deixeis identificar aquilo que nós provamos, de agradável ou desagradável, felicidade ou sofrimento, mantenha-nos "sujeitos": "eu sou" no coração das nossas provações ou das nossas tentações, "mantenha-nos livres", filhos ao invés de escravos.

Mas o que é "tentar Deus"? Será zombar, desprezar, esquecer, agir como se Ele não existisse?

Sem dúvida, é tudo isso: agir como se a nossa vida não dependesse da Vida, como se a nossa inteligência não nos viesse da sua luz, como se o nosso amor e o nosso desejo não encontrassem sua raiz no Amor, o desejo oculto, no coração do próprio Ser.

Não é "querer ser deus, sem Deus"? O tentador do Livro do Gênesis sugere "Ser como os deuses", mas sem receber esta divindade da própria Divindade.

Pretender resolver todos os problemas do homem pelo homem, pelo poder econômico (transformar as pedras em pão), o poder político (colocar as nações sob o jugo de um único mestre), ou a ciência mágica (jogar-se do alto do templo), não é querer voar com suas próprias asas sem o suporte do espaço?

Esquecer, desprezar, negar o Ser que nos faz ser, pensar em si mesmo como um ser autônomo, fazer de si a medida de todas as coisas e viver segundo os caprichos e a sua vontade de poder, este é o comportamento do "insensato" ou do "injusto" segundo o Livro da Sabedoria. Seu esquecimento ou a sua recusa de Deus só pode conduzir à infelicidade, ao absurdo e à morte.

O homem que pretende ser "sem Deus" é como uma árvore sem terra e sem luz. Onde suas raízes, sua seiva, seus frutos encontrarão uma fonte para a sua vitalidade? Se uma tal árvore vir a carregar frutos só poderão ser frutos artificiais; isso é o que acontece com o homem sem Deus. O homem não dá a vida a si mesmo. O universo não se dá a vida a si mesmo. Não reconhecer isso, segundo o homem bíblico, é "tentar Deus". Podemos reconhecer uma fonte, uma origem em tudo aquilo que vive e respira, chamá-la de Deus ou de um outro nome qualquer e viver como se aquilo que soubéssemos ou aquilo que vemos, não existisse; isso também é "tentar Deus". Por vezes, é grande a distância entre "conhecer Deus" e amá-lo, respeitá-lo e viver conforme sua presença a qual nós estamos incessantemente ligados, consciente ou inconscientemente, nem que seja apenas para existir.

Uma conversão intelectual (*épistrophè, métanoia*), ou seja, uma volta de 180º em torno de si mesmo, voltado para a fonte daquilo que é, vê, pensa, ama em nós, em mim, ainda não é a conversão total.

Eu vejo a Luz que me faz ver, eu amo o Amor que me faz amar, eu sou consciente da Consciência que me torna consciente.

Eu vivo da própria Vida que me faz viver, mas eu não ajo ainda segundo a visão que me dá esta Luz. Eu ainda não amo com este Amor puro e incondicional que eu reconheço estar na Fonte de todo amor.

Eu ainda não vivo na Plenitude (*pleroma*), na Consciência que me faz "estar aqui", instante após instante.

A conversão intelectual ainda não é a conversão ética que faz o meu ser estar em conformidade, no quotidiano dos meus atos, com a Presença que a minha inteligência discerne "em tudo e em todos".

Eu creio em Deus ou eu conheço Deus e eu vivo como se não o conhecesse, como se Ele não existisse – isso ainda é "tentar" Deus.

Não desprezá-lo, mas não lhe dar o seu lugar, todo o lugar, já que "apenas Ele é", "não há outro senão Ele". "Outro que Ele", nesta perspectiva, só pode ser um obstáculo à sua presença; segundo o Livro da Sabedoria, "outro que Ele" pode também ser abertura à sua presença e dom da sua presença.

"O Ser que é o que ele é e que faz ser tudo aquilo que é" deixa-se encontrar por aqueles que não lhe fazem "obstáculo" (*shatan* em hebraico), aqueles que não se separam da sua Fonte; que não se dividem em si mesmos (*diabolos* em grego).

Deixar ser o Ser que está aqui, ter medo de perdê-lo ("Estremeci de Adonai", traduzia Chouraqui), é o início da Sabedoria; ser consciente, amar e respirar com Ele, nele, por Ele é a sua realização. "Ele se revela àqueles que não lhe recusam sua abertura."

Abertura dos sentidos e da sensibilidade à energia, à grandeza e à beleza da Vida.

Abertura da inteligência à luz, ao silêncio, à evidência do Invisível que nos envolve de todas as partes, no interior assim como no exterior.

Abertura do coração ao Amor, que nos torna capazes de acolher e de aceitar o que é, de estar presentes àquilo que se apresenta, capazes de dizer, como o sábio ou o profeta hebraico, *hineni*, "eis-me aqui". Você está aqui, eu estou aqui, nós estamos aqui, um pelo outro. Não devemos recusar a nossa abertura ao Ser, a algo maior do que nós mesmos, mais vivo, mais amoroso, mais inteligente do que nós; sem esta abertura nós continuaremos fechados no nosso "ser para a morte". "Eu coloquei diante de ti a Vida (a aceitação da vida) e a morte (a recusa da vida); escolha..." Nós temos a escolha entre o "inferno" e o "aberto".

Será necessário "apostar", como fez Pascal, que a abertura nos trará bens maiores do que a clausura, o fechamento de si, para si, em si? O egoísmo ou o egocentrismo não se opõem apenas ao altruísmo, eles opõem-se à Vida, à Consciência, ao Amor, a esta simples e Santa Trindade que a sabedoria chama de YHWH/Deus.

Sb 1,3. Com efeito, os pensamentos tortuosos afastam do "Ser que é o que Ele é". Provar sua evidência inalcançável e incompreensível nos liberta de todas as dúvidas.

O pensamento "tortuoso" ou "perverso" é o contrário do pensamento simples e reto, que vai "direto ao ponto", direto à Presença daquilo que está aqui, dentro e diante de nós; quando ele se detém nas palavras e conceitos ou imagens pelas quais ele se representa o Real, ele se afasta, ele se extravia, ele deixa de ver, ele projeta suas memórias, ele projeta o "conhecido" sobre "aquilo que está aqui". São muitas sobreposições, muitas pálpebras a serem atravessadas para ver o dia que está aqui, antes de tomar consciência. Quem estará aqui após ele ter terminado de tomar consciência? A Consciência é mais vasta do que o pensamento que temos dela. Trata-se de "provar" sua presença inalcançável e incompreensível, presença do Ser em meu ser, da Consciência na minha consciência, da Vida na minha vida, mas esta Presença ou esta plenitude permanece inalcançável e incompreensível. Podemos "capturar" nossa vida e duvidar dela? Como se a nossa essência fosse insubstancial; a evidência do invisível não se vê. O ar que respiramos, o espaço no qual movemos, a luz que nos faz ver; quem poderia duvidar? "Quem duvidaria que eu penso quando eu duvido?", dizia o filósofo.

Quem duvidaria da vida quando eu vivo? Quem duvidaria do amor quando eu amo? Quem duvidaria do Ser que nos faz ser quando "eu sou", quando "nós somos"?, dizia o sábio.

Estar livre das suas dúvidas, não é estar privado das suas questões. Ainda nos resta descobrir, conhecer e amar Aquele que pensa, Aquele que vive, Aquele que ama: "Aquele que é".

Sb 1,4. A Sabedoria não entrará na alma que deseja o infortúnio, ela não habita um corpo que permanece inconsciente.

Quem pode desejar o mal ou o infortúnio senão uma alma perversa? Uma alma perturbada que perdeu sua orientação para o Verdadeiro, o Belo e o Bem?

Ser sábio, assim como ser "terapeuta" no sentido alexandrino do termo, na época em que foi redigido o Livro da Sabedoria, é cuidar do desejo que está no homem. Se o homem é um "ser de desejo" mais do que um ser de necessidade, é porque ele pode "escolher" o objeto do seu desejo. Se para a árvore é uma necessidade subir em direção à luz, para o ser humano crescer em direção à luz é uma livre-escolha. Mas assim como a árvore, quando ela é privada de luz, se desenraíza e apodrece, o homem, quando se afasta da luz, ele também se desenraíza e apodrece. Poderíamos dizer que o homem tem a escolha de obedecer à sua natureza, ele tem a escolha de escolher o que é bom para ele. A Sabedoria está ali para ajudá-lo a discernir o que é bom para ele: o Ser que o faz viver e amar, a luz que ilumina sua inteligência, mas também a sua alma (*psyché*) e o seu corpo (*soma*).

O próprio corpo não deve permanecer inconsciente. A Consciência, a cada instante, "toma corpo", torna-se densa até aparecer corporalmente, materialmente. É para que esta matéria e este corpo, em contrapartida, "tomem consciência", "iluminem-se", tornem-se mais leves, tornem-se Consciência; para que eles voltem à luz de onde eles vêm (sem com isso perder a sua forma).

A Sabedoria torna o corpo consciente do infinito que o habita, ela é este elo ou "terceiro incluso" que mantém unidas a matéria e a luz, forma e sem forma, finito e infinito, nosso corpo (nosso tempo) e YHWH/Deus.

Sb 1,5. O Sopro santo que nos ordena é o oposto da perfídia, ele não anima os pensamentos estúpidos, ele não ama a injustiça.

Nossa vida só depende de um sopro, um sopro de vida que mantém unidos todos nossos átomos, nossas células e nossos membros em uma ordem cuja harmonia nós podemos perturbar. A estupidez e a injustiça não respiram harmoniosamente com o Sopro, elas entravam o movimento da vida que se dá.

Sb 1,6. A Sabedoria é um Sopro que ama os humanos.

Podemos viver na intimidade com o Sopro que nos inspira e nos expira?

"Orar é respirar", diziam os antigos. Ser amigo de Deus é estar atento ao seu sopro. Saber "quem" respira em nós. Existe ali um amigo que nos acompanha, do nosso primeiro ao nosso último sopro. Não é a Sabedoria que nos torna atentos a este espaço, este infinito de onde vem e para onde vai o nosso sopro? Esta Presença inalcançável e incompreensível que Yeshua chamará de "seu Pai e Pai nosso"?

Sb 1,6. A Sabedoria é um Sopro que ama os humanos, mas não deixará sem castigo o blasfemador pelo crime de seus lábios, porque YHWH/ Deus, "o Ser que faz ser tudo aquilo que é", lhe sonda os rins, penetra até o fundo de seu coração e vela sobre sua verdade. O que diz a nossa língua, Ele ouve.

O Livro da Sabedoria nos lembra a lei da causa e do efeito: cada um terá que suportar as consequências dos seus atos, YHWH/Deus é justiça imanente.

Nada escapa a esta Lei. Todo desejo, toda palavra tem consequências positivas, negativas ou neutras; todo ato, todo pensamento deixam marcas.

Apenas a misericórdia, nos dirá o Livro da Sabedoria, antes do Evangelho, poderia apagá-los, mas o perdão não é o esquecimento, a misericórdia não é o esquecimento da justiça, mas a sua realização e a sua suplantação.

Sb 1,7. Com efeito, o Sopro de YHWH/Deus preenche o universo, e Ele que tem unidas todas as coisas, ouve toda voz.

O Livro da Sabedoria retoma aqui a visão dos estoicos. A mesma expressão já era empregado por Xenofonte (Memórias, 4, 3, 13) e será empregada também por Fílon de Alexandria (*De confusione linguarum*, 136).

O *Pneuma*, Sopro, é frequentemente traduzido por Espírito (com uma letra maiúscula, para diferenciá-lo do espírito *noûs* (fina ponta da inteligência humana). Ele é aquilo que anima o universo, o que lhe dá sua ordem e sua consistência. O sábio é discípulo deste *Pneuma/Sopro/Espírito*. Quando ele está à sua escuta ele descobre a unidade do cosmos, pois o *Pneuma* é o "fio" que religa todos seus membros.

O Sopro é também o suporte da voz e da palavra, é a primeira expressão do silêncio, ele é a primeira revelação ou manifestação do *Deus absconditus*, do Real oculto, que é Fonte de tudo aquilo que vive e respira. De uma certa maneira, Ele precede o *Logos* e faz apenas um com Ele em sua obra criadora.

Cada um de nós pode fazer esta experiência estando atento às suas palavras, ao som das suas palavras, ao sopro que as carrega, à consciência que as concebe, ao silêncio de onde tudo emerge.

O Sopro é aquilo que nos mantém mais próximos do lugar de onde viemos e para onde vamos. A consciência do Sopro nos preserva do esquecimento e do exílio e nos mantém assim em comunhão com a natureza e com todo o universo, que nós percebemos, então, como manifestação do Sopro e dos diferentes comprimentos de ondas que se misturam para formar o campo e o canto do Ser/Um, YHWH/Deus.

Sb 1,8. Aquele que profere uma linguagem iníqua, não pode fugir dele e a justiça não o deixará escapar;

9. Pois as intrigas do ímpio serão expostas; seus murmúrios e cochichos chegarão até o Senhor.

10. Cuidado, portanto, com os rumores. Evitai que vossa língua se entregue à maledicência, pois uma palavra, mesmo dita em segredo, tem consequências. Uma boca que calunia e acusa com injustiça semeia a morte.

11. Acautelai-vos, pois, de queixar-vos inutilmente; evitai que vossa língua se entregue à crítica, porque até mesmo uma palavra secreta não ficará sem castigo e a boca que acusa com injustiça arrasta a alma à morte.

12. Não procureis a morte, não vos afastais da Vida, não atraís sobre vós a ruína pelas obras das vossas mãos.

O Livro da Sabedoria insiste novamente, e ele voltará frequentemente a essa questão, sobre a lei do encadeamento das causas e dos efeitos: "Colhemos aquilo que semeamos", ninguém pode escapar, ninguém pode se furtar a isso.

Não é um Deus exterior que julga e pune; o ímpio cria o seu próprio infortúnio, ele colhe as consequências das suas palavras; e, caso isso não aconteça agora, acontecerá mais tarde.

O sábio nos previne: murmúrios, sussurros, palavras ditas em segredo, tudo é "escutado"; se o rumor e a calúnia de passagem destruírem e matarem muito, elas acabarão por se voltar contra aquele que as propaga.

O sábio nos convida assim à vigilância: "Vele à porta dos teus lábios", já dizia o salmo. "De toda palavra sem fundamentos, vós tereis que prestar contas no dia do julgamento", dirá mais tarde o Evangelho. E Tiago o Justo, o "irmão do mestre e senhor", indicará que o domínio sobre a língua é mais difícil do que o domínio sobre o dragão: "Quem domina sua língua domina todo corpo".

"Quem domina seus pensamentos domina o mundo." Como podemos confiar o poder a seres que não dominam nem seus pensamentos, nem suas palavras, nem seus atos? Mas o mais grave, para o Livro da Sabedoria, não é a falta de domínio, é a falta de gratidão, e é isso que ele chama de "impiedade" do ímpio, causa de todos os males.

O que tens que não tenhas recebido? O domínio, a própria vigilância não são dons?

A palavra "ímpio" aparece com frequência no Livro da Sabedoria. Por vezes ela é traduzida por "o homem injusto", "o pecador" ou "o homem ingrato".

A ingratidão talvez seja o único pecado e a maior injustiça.

A impiedade é falta de reconhecimento ou simplesmente falta de conhecimento do dom que nos é dado, o dom da existência, da vida, da consciência e da generosidade.

A gratidão é a resposta humana à graça de ser, à gratuidade de existir; nós poderíamos não existir, o mundo poderia não existir. Nada nos é imposto, nada é "jogado aqui", tudo nos é dado; é a nossa maneira de receber "aquilo que é" que faz da nossa vida e do mundo um absurdo, um destino, uma obra a ser realizada ou um dom a ser descoberto.

O absurdo e a graça? Trata-se sempre da mesma realidade, pois não há outra realidade além da Realidade, é o coração que faz a diferença, sua impiedade ou o seu fervor, sua ingratidão ou a sua gratidão, sua ignorância e sua recusa ou seu conhecimento e seu reconhecimento.

O ímpio é aquele que não agradece jamais e que, diante das mais simples belezas, não prova nenhuma gratidão.

Nós nascemos para o louvor, para dar graças. Os filósofos tinham este pressentimento: "A amizade conduz a sua dança em volta do mundo, dizia Epicuro, obrigando todos a despertarem para dar graças"[15].

Por que nascer, por que conhecer, buscar o despertar e o sentido da vida se não for para agradecer e dar graças?

A gratidão é o sinal de que não somos amados em vão e é precisamente isto que o ímpio recusa: "A vida não quer o nosso bem, ela quer o nosso aniquilamento, nosso sofrimento, nossa angústia, nosso desespero..." Todos esses males que nos acabrunham e acabrunham o

---

15. EPICURO. *Sentenças vaticanas* 52 [trad. A. Comte-Sponville].

mundo, como poderíamos dar graças por tanta violência, tanta inépcia e incertezas?

Para o Livro da Sabedoria, isso é lamentar-se dos próprios efeitos, das consequências da ingratidão, da impiedade e da injustiça. É o nosso não reconhecimento de Deus e da Fonte de todo bem que conduz a esse encadeamento de infortúnios.

A ignorância ou a recusa de YHWH/Deus é a causa de todos os males.

O reconhecimento e a adoração de YHWH/Deus são a fonte de toda verdade, de toda bondade e de toda beleza, a própria fonte da nossa gratidão.

Ninguém é a sua própria origem, nem de si mesmo nem do universo. Negar isto é conhecer mal aquilo que é mais profundo em nós e conhecer mal o Ser que nos faz ser a partir deste mais profundo.

Se o rio se separa da fonte, ele está condenado a secar. É isso que indica o Livro da Sabedoria: "Afastar-se da Fonte da vida, é a morte", voltar para ela não é morrer, mas entrar na própria Vida".

III – YHWH/Deus não fez a morte

Sb 1,13. YHWH/Deus, "o Ser que faz ser tudo aquilo que é" não é o autor da morte, a perdição dos vivos não lhe dá alegria alguma.

14. Ele criou tudo para a existência e para que tudo tenha acesso à eternidade; engendrar é um ato santo, a semente não é um veneno, o Hades (a morte) não é o fim ou o objetivo do ser humano.

15. Sim, a justiça é "não morte".

16. Mas a morte, os ímpios a chamam com o gesto e a voz. Crendo-a amiga, eles a cortejam, consomem-se de desejos e fazem aliança com ela; de fato, eles colhem os frutos do seu pacto.

O contraste com o Livro do Qohelet é aqui ainda mais flagrante. Para o Qohelet, a evidência da morte é a única certeza sobre a qual os homens podem entrar em acordo. Sua injustiça é inaceitável, ela ceifa o ancião, a criança, o justo, o pecador com a mesma impassibilidade. Para o Livro da Sabedoria, a morte não é um fim, mas uma etapa. A vida existia antes do nosso nascimento, ela existirá também após a nossa morte. Haverá uma retribuição para o justo. Nós só percebemos um nível de realidade que tomamos como sendo a única realidade. Essa realidade "espaçotemporal" ou "mundo para a morte" não é o único mundo real; declará-la como tal é ignorância e cegueira. Para aquele que observa, a verdadeira Vida, a grande Vida, não nasce nem morre, ela não tem início nem fim, ela não está "fechada" no tempo. A vida é eterna ou ela não é.

O Livro da Sabedoria vem anunciar, contra todas as aparências, que YHWH/Deus, que faz ser tudo aquilo que é, "não fez a morte".

Como acolher, aceitar e compreender tais palavras?

Seria este o mesmo argumento a respeito do mal? "O mal não existe", é o Bem e o Bom que existem, o mal é apenas *privatio boni*, ausência do bem. Deus é o criador do bem, ele não é o criador do mal. No entanto, está escrito: "Eu criei a felicidade e o infortúnio" (cf. Isaías) e mais para frente: "Sou Eu que endureço o coração do faraó", ou seja, o faço pender para o mal para que ele cometa contra os "justos" todos os tipos de crimes.

As trevas não existem, é a luz que existe; as trevas são apenas privação de luz, ausência de luz. Deus não criou as trevas, mas a luz e, no entanto, foi YHWH/Deus quem fez existir as trevas e a luz, chamando-as de noite e dia (cf. Gênesis).

A doença não existe, é a saúde que existe; a doença é privação da saúde, da saúde dos olhos para o cego, dos ouvidos para o surdo, da língua para o mudo. Deus é o criador da saúde, Ele não criou a doença e, no entanto, está escrito: "Sou eu quem adoeço e sou eu quem curo".

A morte não existe, é a Vida que existe; a morte é apenas "privação da vida", ausência de vida. Deus não criou a morte, Ele criou a vida e, no entanto, está escrito: "Sou eu quem faço morrer e sou eu quem faço viver". Haveria aí uma contradição, um antagonismo no coração das escrituras? Cada palavra opondo-se à outra ou contradizendo-a faria com que elas se anulassem reciprocamente?

Para compreender esses textos em seu conjunto, sem dúvida é necessário fazer apelo a uma lógica não aristotélica, mais fina do que o princípio do terceiro excluído ou princípio da não contradição e interessar-se por outras lógicas, como "a lógica antagonista" (Lupasco) ou a do "terceiro incluído" (Nicolescu) ou, para utilizarmos uma outra linguagem, passar de uma visão dualista – que opõe os contrários, percebendo-os como irredutíveis: A não é B, B é não A – a uma visão não dualista, *coincidentia oppositorum*, que os integre.

A vida não é a morte. A doença não é a saúde. A luz não são as trevas, o bem não é o mal. Além desta visão dualista, descobrir a não dualidade ou a a-dualidade de tudo aquilo que existe no Real-Um.

Conhecemos o gato de Schrädinger: o gato vivo e o gato morto se superpõem. Podemos dizer que ele está "ao mesmo tempo" morto e vivo; do "ou, ou" (ou ele está morto, ou ele está vivo), passamos ao "e, e" (e vivo e morto).

Seria necessário evocarmos também o "nem, nem" (nem morto nem vivo), vida-morte são apenas palavras que traduzem pensamentos, representações sobre aquilo que "assim é", essencialmente inalcançável e incompreensível. O que é verdade em um nível de realidade e segundo a lógica na qual nos encontramos, não é mais verdade em um outro nível de realidade. Em um nível de realidade, a morte opõe-se à vida, Deus não criou a morte, mas a vida. É um Deus "positivo". "Ele não é o Deus dos mortos, mas dos vivos."

Em um outro nível de realidade, Deus criou a morte e a vida. A vida e a morte se superpõem uma à outra, são dois momentos de uma realidade única, duas percepções diferenciadas do Um.

Ainda em outro nível: Deus não criou a morte nem a vida, Ele é o que Ele é e Ele faz ser tudo aquilo que é, há apenas Ele, "não há outro além dele", o único Real que se manifesta nas realidades múltiplas, opostas e complementares.

Quais são as consequências existenciais dessas diferentes visões do Real?

A primeira corre o risco de sustentar o medo da morte (e da doença, do mal e das trevas etc.): o medo do negativo.

A segunda pode conduzir a uma certa sabedoria: contemplamos os contrários como complementares ou como alternância, não há dia sem noite, não há morte sem vida, não há saúde sem doença, não há absoluto sem relativo etc.

Sabedoria da aceitação das contradições, o Ser é fundamentalmente simples e complexo: paradoxal.

A terceira atitude (altitude!), que é a da douta ignorância, talvez seja a atitude da mais elevada sabedoria: a do silêncio; tudo o que dizemos sobre a vida e a morte são palavras, o Real é inalcançável, inatingível e incompreensível. Querer "capturá-lo" e "compreendê-lo" é fonte de dor e confusão. Deixar ser o que é (*Gelassenheit*) tal qual ele é, desta maneira, não traz nem felicidade nem infelicidade, mas uma serenidade que não "contém" tudo e o seu contrário e que, de maneira inversa, permanece infinitamente aberto a tudo e ao seu contrário.

A Sabedoria é a abertura do espírito, do coração e de todos os sentidos ao Infinito, pois o Infinito é o lugar da coexistência, da coincidência e da conciliação das contradições e dos antagonistas.

O Infinito é o terceiro esquecido que, quando é incluído, torna possível a não contradição, inacessível às lógicas binárias e ordinárias (mentais). Platão, muito antes de Hegel e das atuais correntes da física quântica, já tinha esse pressentimento:

> Não é possível que dois termos formem uma bela composição sem que haja um terceiro, pois é necessário um elo que os vincule. Ora, de todos os vínculos, o mais belo é aquele que se dá a si mesmo e aos termos que ele une, a unidade mais completa (Timeu, 32).

Só podemos conhecer o Infinito renunciando a todos os conhecimentos "finitos", quer eles sejam sensoriais, afetivos, intelectuais ou espirituais.

Só podemos conhecer a não morte, a vida eterna ou o infinito renunciando a elas, perdendo ou "largando" esta vida mortal: a identificação aos nossos limites.

É preciso morrer para conhecer, enfim, sem fim, a verdade.

A experiência do Infinito é a cessação ou a relativização de todas as experiências finitas; poderíamos dizer que é a relativização ou o fim de toda experiência. A morte não é a entrada na eternidade e no infinito, pois só podemos estar lá agora, visto que já estamos no infinito; é a cessação da nossa identificação aos nossos limites espaçotemporais, ao corpo e aos pensamentos, ao prazer e à dor, a todas as dualidades contrárias ou complementares. Para que se revele a Realidade infinita, é preciso que cesse ou se abra a realidade particular; "parar" é a morte; "abrir-se" é a iniciação: "morrer antes de morrer".

É a esta abertura que nos convida o Livro da Sabedoria, lembrando-nos que "o Ser que faz ser tudo aquilo que é" "faz tudo existir para que tudo tenha acesso à eternidade". A eternidade que não é um tempo linear, longo, particularmente longo, "sobretudo rumo ao fim", como dizem os humoristas, mas um "não tempo", a suspensão de *chronos* e de todos os relógios que batem o compasso. Seríamos convidados a uma valsa de quatro tempos?

Após os três primeiros tempos, o passado, o presente e o futuro, que são todos "tempo que passa", que corre, haveria um quarto tempo, não mais horizontal, mas vertical, um tempo que nos eleva, que nos faz entrar justamente no não tempo da eternidade, "o instante" favorável que João, no Apocalipse, dando sequência ao pensamento dos gregos, chamará de *kairos*.

O instante, o *kairos*, seria também um objeto quântico, um terceiro incluído onde se "superpõem" duas realidades, a do tempo que passa (*chronos*) e a do não tempo (*kairos*)? Yeshua, no Evangelho, estará próximo desta linguagem paradoxal: "Eu estou no mundo, eu não sou deste mundo" e o que poderíamos traduzir: "Eu estou neste tempo e eu não sou deste tempo", eu sou mortal e eu não sou mortal (como todo homem plenamente humano, *anthropos*).

Meu reino não é deste mundo, deste tempo; ele não é apenas ser para a morte ou para um outro nível de realidade (mundos intermediários), mas ser para a eternidade.

"Seres para a não morte" – é isso que indica o Livro da Sabedoria, nós somos seres compostos que vão se decompor, seres espaçotemporais e portanto mortais; não devemos negar essa realidade, não há "negação" ou "fuga" diante da morte, mas também existe em nós o incriado à imagem de YHWH/Deus, o "não feito, o não composto".

Desta maneira, nós somos "seres para a eternidade", não fechados no espaço-tempo, nós somos seres "espirituais" habitados pelo *Pneuma*, o Espírito, o Sopro divino, "a-temporal", não mortal. Trata-se de não negar, de não "fugir" disso através da negação ou da recusa, pois estaríamos privando-nos de toda saída, fechando-nos em um nível de realidade particular sem abertura a outros níveis de realidades mais vastos, sem abertura ao Real infinito que contém todos esses diferentes níveis de realidade. A abertura a este "Infinito" não é desprezo por este mundo finito, ela é a sua integração e, ao mesmo tempo, sua relativização. Trata-se de manter os dois juntos, não opor aquilo que, em certas lógicas dualistas, parece incompatível: a eternidade e o tempo, a vida e a morte, a carne e o espírito.

"Engendrar é sadio (*sain*) e santo (*saint*[16]), a semente não é um veneno": o *t* que podemos acrescentar à palavra *sain* (sadio), que torna-se então *saint* (santo), é o *t* da palavra grega *Théos*, Deus.

---

16. *Sain* (são, saudável) e *saint* (santo): no original em francês no texto [N.T.].

Engendrar é um ato humano, natural e bom, é também um ato pelo qual YHWH/Deus ou o *Théos* transmite a sua vida, o seu sopro, sem o qual nenhuma argila (*adamah* em hebraico) é viva. "A semente não é veneno", a afirmação e a abertura à eternidade não são aversão ao tempo; a abertura ao Infinito não é desprezo pelo mundo e pelas suas gerações, simplesmente a morte (o *Hades* como dizem os gregos) não é o objetivo, não é o fim do ser humano.

Nós somos mortais, "é a verdade, mas não toda a verdade".

O Livro da Sabedoria nos diz que os "ímpios", que nós chamamos de "ingratos", aqueles que não acreditam no Amor de YHWH/Deus e não querem receber a Vida como um dom gratuito, como uma "graça", são habitados, além do princípio do prazer, pela "pulsão de morte". Eles são os lisonjeadores, os cortesãos, para não dizer escravos de todos os processos de degenerescência, seja no nível pessoal, familiar, social ou cósmico.

"Eles serão consumidos pelos frutos do seu pacto." A lucidez do Livro da Sabedoria une-se à Sabedoria do Qohelet. Não fugimos das consequências dos nossos atos, mas trata-se aqui de uma escolha, de um pacto; dizer "não há Deus, não há eternidade, não há outra realidade além desta realidade natural e mortal, não há outro ser além deste ser para a morte" é, de fato, fazer um pacto com o nada e infligir a toda beleza presente, ao invés da elevação da chama, o sabor das cinzas.

IV – "Comemos, bebemos... pois não há nada além disso"

Sb 2,1. Eles afirmam, com efeito, nos seus pseudorraciocínios: nossa vida "é para a morte", ela é triste e curta; para a morte não há remédio algum; não há notícia de ninguém que tenha voltado da região dos mortos.

2. Um belo dia nascemos e, depois disso, seremos como se jamais tivéssemos sido! É fumaça a respiração de nossos narizes, e nosso pensamento, uma centelha que salta do bater de nosso coração!

3. Extinta ela, nosso coração se dissolve em cinzas, e o nosso sopro se dissipará como um vapor inconsistente!

4. Com o tempo nosso nome cairá no esquecimento, e ninguém se lembrará de nossas obras. Nossa vida passará como os traços de uma nuvem, desvanecer-se-á como uma névoa que os raios do sol expulsam, e que seu calor dissipa.

5. A passagem de uma sombra: eis a nossa vida, nada nem ninguém pode retardar seu fim, tal é nosso destino e nada nem ninguém pode voltar sobre seus passos.

6. Vinde, portanto! Aproveitemo-nos das boas coisas que existem! Vivamente gozemos desta vida mortal, com inocência e ardor.

7. Inebriemo-nos de vinhos preciosos e de perfumes, e colhamos as primeiras flores da primavera!

8. Coroemo-nos de botões de rosas antes que eles murchem!

Que as pradarias sejam testemunhas dos nossos excessos; em toda parte deixemos sinais de nossa alegria, pois é disso que somos capazes, esse é o nosso destino.

Curiosamente, poderíamos acreditar que o Livro da Sabedoria coloca na boca do "ímpio" as próprias palavras do Qohelet.

Verifiquei que nada há de melhor para o homem do que alegrar-se com o fruto dos seus trabalhos, essa é a sua parte. Por que ele se preocuparia com aquilo que virá depois dele? (Qohelet III, 22).

Se o Qohelet reconhece que tudo é apenas "vapor, vacuidade, ilusão, vento que passa" – este é o refrão do seu livro –, à diferença do ímpio, ele reconhece que tudo aquilo do qual o ser humano pode desfrutar é um "dom de Deus": "Eu sei que não há bem para o homem senão na alegria e no desejo do Bem durante esta vida. Se um homem come, bebe e encontra o Bem em tudo aquilo que faz, isso é um dom de Deus" (Qohelet III, 12-13).

Contrariamente ao ímpio, o Qohelet não desfruta da felicidade terrestre que vai contra Deus, ele a desfruta com gratidão e reconhecimento. É a sua "Eucaristia" (ação de graças) no quotidiano.

É exatamente o contrário da "ingratidão", da "impiedade" na qual se encontra o ser humano colocado em cena pelo Livro da Sabedoria.

Seus argumentos são aqueles dos ateísmos, antigos ou contemporâneos: eles "afirmam", sem prová-lo ou demonstrá-lo, que "a vida é apenas ser para a morte". Mesmo assim, ainda nos resta saber o que é a morte e especificar a morte de quem ou de quê.

Será a suspensão de um funcionamento biopsíquico o fim de tudo? Ou será o fim apenas de uma certa forma, a soma de alguns compostos que não podem se decompor? Mas a informação que manteve unidos todos esses átomos, todas essas moléculas, todos esses órgãos – o que acontece com ela? Um semblante animado é sempre mais do que a soma dos seus agregados, mas podemos manter este tipo de racionalização quando estamos na presença de um amigo que morreu?

A menos que seja nosso amigo quem nos diz: "Não tenha medo, eu vou enfim parar de sofrer, em breve eu vou parar de morrer."

A presença do espírito daquele que morre atesta, por vezes, que existe nele algo maior do que ele, "maior do que a morte" e que isto, neste instante, reduz-se aos seus despojos: "Eu não sou isso", dirá ele sorrindo.

Mas todos morrem dessa maneira? Muito poucos morrem vivos, pessoas demais morrem já estando mortos há muito tempo.

"Ninguém, que tenhamos conhecimento, voltou da morte", muitos já estavam mortos antes de morrer, talvez por não viverem mais uma vida consciente ou porque estavam despertos a uma Vida que não morre.

Não podemos nem entrar nem sair da Vida que está sempre aqui; do Real que se encontra no fundo de todas as realidades.

A Grande Vida é um país para onde não vamos e de onde não voltamos; morrer é descobrir um país que jamais deixamos. "Eu vou para lá onde 'eu sou', onde eu estou desde sempre", dizia um sábio do Oriente, nosso contemporâneo e contemporâneo da eternidade (R. Maharshi).

"Nós nascemos do acaso, em seguida nós seremos como se jamais tivéssemos sido": a isto, Jankélévitch respondia que justamente "nós não podemos fingir como se jamais tivéssemos sido". Para ele, havia ali uma forma de eternidade; mesmo que todas a esqueçam, nada poderá apagar o que foi uma vez, o que foi um instante.

Melhor do que dizer que nós nascemos do acaso e da necessidade, que é um "jargão" e não uma maneira erudita de falar sobre a nossa ignorância, mas sobretudo nossa recusa de toda Providência, poderíamos dizer que não sabemos nada? Nós não podemos sequer imaginar a grandeza do dom que nos faz ser e que faz ser o universo e tudo aquilo que é.

O nascer e o morrer são como o fluxo e o refluxo das nossas vagas existências, que não se trata de "jogar no mar" já que elas mesmas são o "grande mar" sempre no movimento da existência, "sempre recomeçando".

Mas de que servem todos esses discursos onde cada um quer, vê e pensa ter razão? Não há apenas a razão. Se a grandeza da razão é reconhecer os limites, seria bom fazê-la calar-se por vezes e deixá-la falar com outras vozes que nos permitam viver juntos o tempo e o não tempo.

Será porque "nosso tempo de vida é a passagem de uma sombra" que devemos nos entregar a todos os excessos? Será necessário rejeitar YHWH/Deus para melhor bebermos e comermos mais? Não seria o contrário? Não seria na consciência do Ser e do Amor que faz existir todas as coisas que nós podemos melhor apreciar o que Ele nos deu a viver? É por esta razão que nós sabemos que "as coroas de rosas fanam" e que aqueles que com elas foram coroados nos parecem ainda mais preciosos[17].

Será necessário que "as pradarias sejam testemunhas dos nossos excessos"; elas não poderiam ser testemunhas dos nossos amores?

Curiosa crença a de acreditar que a nossa abertura à transcendência nos privaria de alguma coisa, quando é esta abertura que dá a todas as coisas ao mesmo tempo sua densidade e sua leveza.

A fé em Deus não nos priva de nada; ela nos permite, pelo contrário, saborear o todo, como um dom. Mas, novamente, o que a graça pode fazer se fizemos a escolha da ignorância e da ingratidão?

V – Se tudo é ilusão, por que perseguir o justo?

O Livro da Sabedoria nos revela que o mal não é apenas *privatio boni*, privação de Deus, como já evocamos, mas *persecutio boni* e em breve *crucifixio boni*, perseguição e crucifixão do bem e daqueles que o manifestam ou o encarnam. Ele remonta, assim, às raízes do mal: a *perversio boni*: apenas o Bem existe, mas ele pode ser pervertido. Não reconhecer a Fonte de onde vêm todo bem e toda experiência já é uma forma de perversão da consciência, mas desprezar e perseguir aqueles que ali matam a sua sede e que nela acreditam é uma perversão ainda mais grave.

A Fonte, YHWH/Deus, revela-se, assim, como a fonte do nosso ser, mas também da nossa consciência "daquilo que é" belo, verdadeiro e justo, a fonte da nossa ética. Para o homem separado ou cortado desta Fonte, não há mais nem bem nem mal, sua própria força, sua vontade de dominação e de apropriação é o único critério, é desta

---

17. Referência ao casamento ortodoxo onde os noivos coroam-se mutuamente, muitas vezes com coroas de flores [N.T.].

forma que ele dá a si mesmo o ser que lhe falta; ao não mais recebê-lo de Deus, ele acha que pode adquiri-lo submetendo-se aos outros.

Sb 2,10. Tiranizemos o justo na sua pobreza, não poupemos a viúva, e não tenhamos consideração com os cabelos brancos do ancião!

11. Que a nossa força seja nossa lei e nossa justiça, porque a fraqueza é inconveniente.

Após termos esgotado todos os prazeres e de permanecermos insatisfeitos, buscamos prazeres mais fortes e mais perversos; estranho prazer que encontramos em nos destruir e em destruir o outro, particularmente o inocente e o justo que questionam nossa maneira de viver e que denunciam, pela sua simples existência, os impasses nos quais nós nos extraviamos.

Sb 2,12. Cerquemos o justo, porque ele nos incomoda; é contrário às nossas ações; ele nos censura por violar a Lei e nos acusa de infidelidade à nossa educação.

13. Ele se gaba de conhecer a Deus, e se chama a si mesmo filho de YHWH, "o Ser que faz ser tudo aquilo que é".

14. Sua existência é uma censura às nossas ideias; basta sua vista para nos importunar.

15. Sua vida, com efeito, não se parece com as outras, e os seus caminhos são muito diferentes.

16. Ele nos tem por uma moeda de mau quilate, e afasta-se de nossos caminhos como se carregássemos alguma mácula. Ele declara feliz o destino dos justos e vangloria-se de ter Deus por pai.

A "pretensão" do justo, ou seja, conhecer YHWH/Deus e dizer-se seu filho, é inaceitável.

Quem ele acha que é? Como um ser perecível, feito de carne e sangue, pó que voltará ao pó, pode declarar-se "não mortal", participante da natureza divina?

O Cristo será crucificado por ter dito: "Antes de Abraão ser, Eu Sou" e, dessa maneira, inscrever seu "eu" no "Eu sou" de *Eyeh Asher Eyeh*, "Eu sou o que eu sou", o grande Nome revelado a Moisés. Hallaj também será crucificado por ter dito *An Al Haqq*, "eu sou a Realidade", sendo *Haqq* um dos nomes mais santos e sagrados de Deus.

No entanto, se somos "reais", o que mais poderíamos ser senão a Realidade? Poderíamos "ser" sem o Ser que afirma "Eu Sou" em todo ser?

"Sua vida não é conforme à dos outros", Ele não obedece à normose ambiente, não deita na cama de Procusto que é a sociedade. Ele afirma sua autonomia, sua liberdade: "Eu sou o que eu sou".

É a sua humildade, Ele não pode ser mais ou menos do que aquilo que ele é.

Essa total aceitação de si mesmo o torna suspeito em um mundo onde cada um se esforça em ser um outro do que si mesmo, para se conformar àquilo que dele esperamos, por medo, sem dúvida, de não ser amado.

O "justo" não busca mais ser amado, agradar, preencher sua carência de ser através do reconhecimento que vem do outro.

"Para mim é mais importante amar do que ser amado", dirá Francisco de Assis, palavras de um homem livre. "Para mim é mais importante ser verdadeiro e autêntico com vocês do que agradá-los e responder melhor às expectativas que vocês projetam sobre mim."

Dizer que temos Deus como Pai é dizer que temos a Verdade e o Amor como origem e que é preciso dar testemunho daquilo que corre da nossa Fonte.

17. Vejamos, pois, se suas palavras são verdadeiras.

Examinemos qual será o seu fim

18. Porque, se o justo é filho de Deus, Deus o defenderá, e o tirará das mãos dos seus adversários.

19. Provemo-lo por ultrajes e torturas, a fim de conhecer a sua doçura e podermos medir sua paciência.

20. Condenemo-lo a uma morte infame. Porque, conforme ele diz: "Deus virá me visitar".

O "justo" que sofre devido à violência e à perversidade dos ímpios foi comparado ao Mestre da justiça dos pergaminhos de Qumran, mas também ao Servidor do Livro de Isaías:

> Era desprezado, era a escória da humanidade, homem das dores, experimentado nos sofrimentos; como aqueles, diante dos quais se cobre o rosto, era amaldiçoado e não fazíamos caso dele.
>
> Em verdade, ele tomou sobre si nossas enfermidades, e carregou os nossos sofrimentos; e nós o reputávamos como um castigado, ferido por Deus e humilhado.
>
> Mas ele foi castigado por nossos crimes e esmagado por nossas iniquidades; o castigo que nos salva pesou sobre ele; fomos curados graças às suas chagas.
>
> Todos nós andávamos desgarrados como ovelhas, seguíamos cada qual o nosso caminho; o Senhor fazia recair sobre ele o castigo das faltas de todos nós.
>
> Foi maltratado e resignou-se; não abriu a boca, como um cordeiro que se conduz ao matadouro, e uma ovelha muda nas mãos do tosquiador. Ele não abriu a boca (Is 53,3-7).

O justo se cala, ele não se justifica diante dos seus adversários; alguns aqui reconhecerão a figura de Israel no tempo do exílio.

João Batista (cf. Jo 1,29) e a Tradição cristã aplicam este texto a Jesus: "Condenemo-lo a uma morte infame, pois Ele diz: Deus virá me visitar".

É esta crença em um Deus que virá visitar o justo e sustentá-lo no último instante que teria inspirado a traição a Judas. "Forçar Deus a intervir e a manifestar seu poder e sua glória": como sabemos, este poder e esta glória se manifestarão "de outra maneira", não com a aniquilação dos inimigos do justo, mas perdoando-os ("Eles não sabem o que fazem") e dando testemunho, através da sua ressurreição, de que o amor é mais forte do que a injustiça, a violência, a perversidade e a morte.

O autor do Livro da Sabedoria não poderia saber disso, mas será que ele não tinha esse pressentimento?

Os ímpios e os ingratos "desconhecem as intenções secretas de Deus, eles não sabem que há uma recompensa para a justiça e a honra e não acreditam na glorificação das almas puras" (Sb 2,22).

O Profeta Isaías, ele também, anunciava:

> Após suportar em sua pessoa os tormentos,
> ele verá uma descendência, ele terá abundância de dias
> e justo, ele espalhará a justiça.
> O Justo, meu Servo, pelo bem de muitos,
> tomará sobre si suas iniquidades (Is 53,11).

Contrariamente ao Qohelet, para quem o justo e o injusto acabam se encontrando no mesmo buraco – e então, "de que serve ser justo?" – o Livro da Sabedoria afirma que há uma justiça e que cada um colhe as consequências dos seus atos, se não nesta vida, então em uma outra. Recompensas e castigos são apenas os efeitos das nossas escolhas e dos nossos comportamentos.

Mas o Livro da Sabedoria vai ainda mais longe; novamente, ele afirma que "Deus não fez a morte".

"YHWH/Deus, "o Ser que faz ser tudo aquilo que é", fez o homem incorruptível, à imagem da sua própria natureza" (Sb 2,23). "Incorruptível" traduz a palavra grega *aphtharsia* e esta é uma precisão importante. O Livro do Gênesis nos diz que o ser humano foi criado à imagem de Deus (Gn 1,26-27), mas ele não nos diz que a imagem de Deus é a "incorruptibilidade", a "não morte" (*athanatos*). Existe no homem um "não nascido, não feito, não composto, não criado", um espaço, uma liberdade para com tudo aquilo que é mortal, que é a marca "da sua própria natureza": a *shekinah*, a energia incriada que é a própria presença de YHWH/Deus.

É a nossa participação a esta presença incriada que Salomão chama de Sabedoria (*Sophia*) e Espírito Santo (*Pneuma*).

O Evangelho de João dará uma ênfase maior ao *Logos*. As palavras diferem e cada uma dá uma nuança particular àquilo que se revelará como uma realidade e uma experiência una.

Então, nos colocamos a questão: Se "Deus não fez a morte" e se o homem em sua essência é "incorruptível", não mortal, de onde surge aquilo que aparece como uma evidência a todos, a única certeza e o único fim para todos, a realidade ou o realismo da morte?

"É pelo espírito da divisão (*diabolos*) e da cobiça que a morte entra no mundo, aqueles que tomarem seu partido, suportarão as consequências" (Sb 2,24).

A palavra grega *diabolos* traduz a palavra hebraica *shatan* que quer dizer "obstáculo". Ela define o sufixo *dia*: "Aquilo que coloca obstáculo", "aquilo que divide".

Estamos falando, então, de um "mau espírito" que semeia a dualidade, a divisão, a separação e que se opõe a um bom e santo Espírito que semeia a unidade, a união, a comunhão. A morte em seu aspecto negativo é uma "ideia" ou um "pensamento" pelo qual o homem se representa como "separado" da Vida ou "dissolvido" na Vida.

O Livro da Sabedoria nos lembra que a morte é apenas um "pensamento", que se sobrepõe à realidade da Vida, um "objeto mental", uma "mentira" ("mental" e "mentira" têm a mesma etimologia).

De onde vem esta necessidade de "mentir", de separar, de fazer "obstáculo" (*shatan*) ao movimento da Vida que se dá?

O autor nos remete ao Livro do Gênesis (cap. 3) onde o espírito tentador (ainda um outro nome daquele que é "legião") revela-se como um espírito de ciúme e de cobiça que inspiraria aos seres humanos o desejo de ser deus, sem Deus.

Novamente, vemos este estranho desejo de autodivinização, de autocriação, de dar a vida a si mesmo ao invés de recebê-la de mais longe, de um lugar mais profundo do que si mesmo, de nada dever ao Amor. Este espírito de divisão é também chamado de espírito da mentira, o *diabolos* é o mentiroso por excelência, aquele que nos faz acreditar na dualidade, na separação dos opostos que destroem a nossa visão do Um ou da unidade de todas as coisas.

Para alguns, o espírito da mentira será nada mais do que o mental ou o "funcionamento binário" do nosso cérebro que divide em mil pedaços, através de suas análises variadas, o vestido sem costura do Real.

Sem dúvida há uma outra utilização ou um outro funcionamento possível do cérebro, que não separa aquilo que ele distingue e não mistura o que ele uniu, que corresponderia ao "Bom e Santo Espírito".

Na etimologia do *diabolos*, não há apenas divisão, há também diálogo, o diálogo que permite justamente a união e a diferenciação daquilo que está separado ou misturado.

No *diabolos* há ainda a *diacrisis*, discernimento.

O discernimento que o "diabo" dá aos seres humanos simbolizado pelo terroso (*adamah*) e a vivente (*eva*) é que eles não são Deus por natureza, mas pela graça.

O obstáculo, o *shatan*, tem uma utilidade e uma função; ele nos obriga a sair de uma união fusional para irmos rumo a uma união da aliança.

Também é preciso ter em si este desejo da aliança, este desejo de fazer apenas um, sem confusão com a Fonte do nosso ser, mas também com todo "outro" encontrado ao longo do caminho.

Ainda é preciso acreditar que a Vida nos criou para o Amor, que é uma Vida mais elevada, participação na Relação infinita que é o coração e o segredo do Ser.

Por que esta recusa da graça e do dom, esta dúvida que nos impede de acreditar que "tudo concorre ao bem daqueles que amam Deus"?

"Duvido, logo eu sou", diz o cético: Não haveria outros "pensamentos" e outros "pensadores" possíveis? Se há uma dúvida útil ao discernimento, há também uma dúvida que nos divide e nos despedaça interiormente.

"Eu me uno ao Ser, logo eu sou", diz o crente, e ele colhe segundo sua fé e sua intimidade com "o Ser que é e que faz ser tudo aquilo que é".

"Eu amo, logo eu sou", diz o amante, e ele colhe os frutos dos seus amores, terrestres ou celestes, mortais ou eternos.

Aqueles que tomam o partido do mental colhem os frutos das suas crenças, dos seus pensamentos e das suas mentiras; se eles acreditarem apenas na morte, eles só poderão morrer.

"Eu estou aqui, aberto, presente, assim, eu sou o que eu sou", dirá aquele que é sem dualidade, sem divisão, sem *diabolos* entre o seu ser e "o Ser que faz ser tudo aquilo que é". Haveria então um lugar para a morte?

VI – Há uma luz para a mulher estéril, o eunuco, o justo que morre ainda jovem

Sb 3,1. Mas as almas dos justos estão na mão de YHWH/Deus, "o Ser que faz ser tudo aquilo que é" e nenhum tormento os tocará.

2. Aos olhos dos insensatos, eles estão mortos: seu desenlace é julgado como uma desgraça.

3. E sua viagem para longe de nós é tida por um aniquilamento, quando na verdade eles despertaram para a paz!

4. Se, aos olhos dos homens, eles suportaram um castigo, pela sua esperança (desejo), eles conhecem a imortalidade (a não morte, athanasia).

5. E por terem sofrido um pouco, receberão grandes bens. YHWH, "o Ser que faz ser tudo aquilo que é" os provou, Ele achou-os dignos de si.

6. Ele os provou como ouro na fornalha, e os acolheu como uma oferenda total (holocausto).

7. No dia do desvelamento, eles resplandecerão e correrão como centelhas na palha.

8. Eles julgarão as nações e supervisionarão os povos, YHWH/Deus reinará sobre eles para sempre.

9. Os que põem sua confiança nele compreenderão a verdade, e os que são fiéis habitarão junto a Ele no amor;

a graça e a misericórdia são para os santos, sua visita é para seus eleitos.

10. Mas os ímpios terão o castigo que merecem seus pensamentos, uma vez que desprezaram o justo e esqueceram-se da presença de YHWH, "o Ser que faz ser tudo aquilo que é".

A alma justa, inteiramente ajustada ao Ser, voltada para Ele, é livre em relação aos tormentos, apesar de, segundo as aparências, tudo parecer acabrunhá-la e a morte precoce só estar ali para condená-la. Aos olhos dos homens, os justos suportaram os castigos; eles sabem que essas provações lhes são enviadas para purificá-los. É a obra alquímica que se realiza neles. É preciso passar pelo fogo do cadinho da provação; passar pelo fogo para que o minério grosseiro eleve-se e transforme-se em ouro, o embrião da luz.

Para o Livro da Sabedoria, o "holocausto" é a "oferenda total" que o justo faz da sua vida; sem esta oferenda, esta capacidade de oferecer-se ao inaceitável e ao incompreensível como sendo uma manifestação de YHWH/Deus, o holocausto só pode ser um horror e um absurdo. Eis aqui a inacreditável força e o brilho do justo: poder, através da sua aceitação e não da sua passividade, transfigurar o horror e lhe dar um sentido.

É o holocausto que revela o santo, a extrema violência nada pode contra sua paciência. A morte nada pode contra aquele que não tem medo, que já a aceitou e que a chama como se ela fosse um dom de Deus.

Não há nenhuma dignidade em matar um homem, mas há uma extrema nobreza naquele que olha de frente o seu carrasco (é por isso que as vítimas eram vendadas antes de serem abatidas). Os carrascos não querem ser vistos cometendo seus crimes, eles não querem ver o "imperativo categórico" do semblante humano que, em sua fragilidade, expressa o mandamento: "Não matarás" (cf. Emmanuel Lévinas); ainda mais do que isso, há "divindade" naquele que perdoa (cf. Yeshua na cruz: "Perdoai-os, eles não sabem o que fazem").

No dia do desvelamento, eles resplandecerão como sóis que brilham como o ouro sobre o lixo.

Como centelhas, eles dão testemunho do fogo incorruptível que no Deserto do Sinai proclamava a Moisés: "Eu Sou".

Sb 3,11. Infelizes daqueles que desprezam a Sabedoria e a educação, vazia é sua esperança, inúteis seus esforços, eles trabalham em vão,

12. Suas mulheres são insensatas e seus filhos malvados; a raça deles é maldita.

13. Feliz a mulher estéril, pura de toda mancha, aquela que não conheceu nenhuma união culposa, ela será fecunda em sua alma.

14. Feliz o eunuco cuja mão não cometeu o mal, que não alimentou pensamentos perversos contra YHWH/Deus, porque ele receberá pela sua fidelidade uma graça de escol, e no templo "Daquele que É", ele receberá uma parte muito honrosa,

15. Pois o fruto dos trabalhos honestos é pleno de glória,

imperecível é a raiz da inteligência.

16. Quanto aos filhos dos adúlteros, a nada chegarão, e a raça que descende do pecado será aniquilada.

17. Ainda que vivam muito tempo, serão tidos por nada e, finalmente, sua velhice será sem honra.

18. Caso morram cedo, não terão nem esperança nem consolo no dia do julgamento.

19. À geração injusta, sorte violenta.

O Livro da Sabedoria declara "feliz" a mulher estéril, caso ela permaneça na virtude, e ele indicará que há outro tipo de fecundidade além da fecundidade carnal.

Será que o autor está pensando em *O banquete* de Platão? "Aqueles cuja fecundidade reside no corpo voltam-se para as mulheres e sua maneira de amar é buscando, engendrando crianças, para assim buscarem para si mesmos a imortalidade (*athanasia*), renome durável, felicidade para a totalidade dos tempos por vir. Quanto àqueles cuja fecundidade reside na alma (*psyché*), sabem que a alma possui uma fecundidade ainda maior do que a do corpo: ela dá à luz o pensamento e a virtude (*arètè*)."

Desta maneira, podemos ser estéreis, eunucos ou impotentes e, no entanto, ser fecundos: essa afirmação aparece aqui pela primeira vez na Bíblia e relativiza os valores mais sagrados do judaísmo: a família, muitos filhos e "dias longos".

Aqui também o livro atribuído a Salomão inova: a sabedoria não é uma questão de muitos anos vividos e de cabelos brancos. A maturidade não depende do número de anos. Os idosos, pelo seu comportamento, revelam-se impacientes, adolescentes e imaturos, e os jovens, pela sua equanimidade e seu discernimento, dão testemunho de uma sabedoria eterna, não dependente da idade e do tempo.

O autor dirá até mesmo que uma vida curta é preferível, se esta atestar sua maturidade e sua realização, a uma vida de excessos, de dúvidas e de insatisfação. Não estaria ele assim tentando consolar os pais atônitos pela morte de seus filhos, não estaria ele tentando ajudá-los a fazer o luto daquilo que para muitos parece ser inaceitável?

Sb 4,10. O justo agradou a Deus e foi por Ele amado e, como ele vivia entre os pecadores, assim (Deus) o mudou de condição.

11. Foi arrebatado por medo de que a malícia não lhe corrompesse o sentimento, nem que a astúcia lhe pervertesse a alma:

12. Porque a fascinação do vício atira um véu sobre a beleza moral, e o movimento da cobiça mina uma alma ingênua.

13. Tendo tornado-se perfeito em pouco tempo, ele percorreu uma longa carreira.

14. Sua alma era agradável a YHWH, "o Ser que faz ser tudo aquilo que é", e é por isso que Ele o retirou depressa do meio da perversidade. As multidões que veem esse modo de agir não o compreendem e não refletem sobre isto:

15. Que a graça e a misericórdia são para seus eleitos e sua visita para seus santos.

16. A morte do justo é um julgamento para os ímpios que continuam a viver; sua vida que se apagou rápido demais condena a vida longa do ímpio.

17. Eles verão a morte do santo e não compreenderão os desígnios de YHWH, "o Ser que faz ser tudo aquilo que é" a seu respeito. Ele descansa em paz.

VII – Desejo de sabedoria

O capítulo 5 do Livro da Sabedoria não traz nada de novo com relação àquilo que já foi dito, ele insiste sobre a retribuição que cada um recebe dos seus atos; aos justos, a eternidade; aos ímpios, a vaidade, esses parecem reconhecer seu afastamento.

Sb 5,6. Portanto, nós nos desgarramos para fora do caminho da verdade, a luz da justiça não brilhou para nós e o sol não se levantou sobre nós!

7. Nós caminhamos até a aversão nas sendas da iniquidade e da perdição, erramos pelos desertos sem caminhos, mas a vida de YHWH/Deus, o Ser soberano, nós não a conhecemos!

8. Do que nos serviu nossa arrogância?

O que nos trouxe a riqueza unida à arrogância?

9. Tudo isso desapareceu como sombra e dispersou-se como notícia que passa;

10. Como navio que fende a água agitada, sem que se possa reencontrar o rasto de seu itinerário, nem a esteira de sua quilha nas ondas.

11. Como o pássaro que, atravessando o ar em seu voo, não deixa após si o traço de sua passagem, mas, ferindo o ar com suas penas, fende-o com a impetuosa força do bater de suas asas, atravessa-o e logo nem se nota indício de sua passagem;

12. Como quando uma flecha, que é lançada ao alvo, o ar que ela cortou volta imediatamente à sua posição de modo que não se pode distinguir sua trajetória,

13. Assim, também nós, apenas nascidos, desaparecemos e não podemos mostrar traço algum de virtude, é na malícia que nossa vida se consumiu.

Estamos assim preparados para entrar nos capítulos 6 a 9, que constituem o coração da obra.

Tendo reconhecido o impasse onde nos conduziram a injustiça, a impiedade e a ingratidão, o homem talvez esteja pronto para ouvir as vozes da Sabedoria, em seguida responder ao seu chamado, buscá-la, orar para que ela venha para viver "ao largo" (*iescha*: salvação em hebraico) em sua presença:

Sb 6,1. Ouvi e compreendei, ó reis, deixai-vos instruir, vós que governais até os confins da terra.

2. Prestai ouvidos, vós que reinais sobre as multidões e vos orgulhais da vastidão de nações que vos são confiadas.

3. Porque é do Ser soberano, "Aquele que faz ser tudo aquilo que é", que recebestes vosso poder, e é do Altíssimo que tendes a realeza; é Ele que examinará vossas obras e sondará vossos pensamentos!

4. Se vós, ministros do reino, não julgastes equitativamente, então não guardastes a sua lei nem realizastes a vontade de Deus,

5. Ele se apresentará a vós, terrível e inesperado, porque os grandes que dominam serão rigorosamente julgados.

6. O pequeno, com efeito, por compaixão será perdoado,

mas os poderosos serão julgados sem piedade.

7. O Senhor de todos não fará exceção para ninguém, a grandeza o faz sorrir, porque, pequenos ou grandes, é Ele que a todos criou, e de todos cuida igualmente;

8. Aos fortes Ele reservou um severo julgamento.

9. É a vós, pois, ó príncipes deste mundo, que dirijo minhas palavras, para que aprendais a Sabedoria e não resvaleis;

10. As coisas santas aos santos, aqueles que delas cuidarem serão santos; instruídos por elas, eles ali encontrarão sua defesa.

11. Adivinhais minhas palavras, deixai-vos inspirar por elas e vós vos tornareis sábios.

O autor do Livro da Sabedoria fala aqui como Salomão, soberano que se dirige a outros soberanos e lembra-lhes que seu poder vem de Deus e que sua missão é a de governar com sabedoria e justiça. Se este não for o caso, eles serão julgados mais severamente do que aqueles que não têm poder.

"Àqueles a quem muito é dado, muito será pedido." Após ter-lhes lembrado sua responsabilidade, ele convida-os a contemplar.

Sb 6,12. Resplandecente é a Sabedoria, e sua beleza é inalterável: ela se permite facilmente contemplar por aqueles que a amam, ela se deixa encontrar por aqueles que a buscam.

13. Os que a procuram, encontram-na. Ela antecipa-se aos que a desejam.

14. Quem, para procurá-la, levanta-se de madrugada, não terá trabalho, porque a encontrará sentada à sua porta.

15. Tomá-la em seu coração é, de fato, a perfeição da inteligência, e quem por ela vigia, em breve não terá mais preocupações.

16. Ela mesma vai à procura dos que são dignos dela; ela lhes aparece nos caminhos cheia de benevolência e vai ao encontro deles em todos os seus pensamentos.

Aqui, o acesso à Sabedoria parece fácil, ela é como a luz que está diante dos nossos olhos: Será que basta abri-los e "ver" o invisível que envolve todas as coisas? Basta amá-la para se sentir amado por ela?

Salomão indica que é ela quem nos ama em primeiro lugar, nosso desejo, nossa busca, são apenas uma resposta ao seu amor.

Por que seria necessário "acordar cedo para buscá-la" se ela já está sentada à nossa porta? Não é, antes, a sua presença, como um sol na orla do coração, que nos desperta, cedo ou tarde, pouco importa, na hora certa?

Em todo caso, "velar com ela nos liberta da preocupação, ela está "antes" de cada pensamento. Contemplar essa luz que está "antes" e "depois" de todo pensamento – "Consciência pura" seria um outro nome para a Sabedoria?

A vida incriada, incorruptível, já evocada e da qual participa o justo?

Sb 6,17. Porque o início da Sabedoria é o desejo verdadeiro de ser por ela instruído, este desejo é amor pela Verdade. Amar a Sabedoria é observar os seus ensinamentos, é a observação das suas leis, a atenção aos seus ensinamentos conduz à incorruptibilidade,

18. Mas amá-la é obedecer às suas leis, e obedecer às suas leis é a garantia da imortalidade.

19. Ora, a incorruptibilidade nos faz habitar junto de YHWH/Deus, "o Ser que faz ser tudo aquilo que é";

20. Assim o desejo da Sabedoria nos conduz à soberania.

Tudo começa por um desejo e este desejo é o próprio Deus, este desejo que a Fonte tem de ser bebida, este desejo que a Consciência tem de ser reconhecida: "Eu era um tesouro oculto e eu quis ser conhecida".

O papel do pedagogo agora é o de dar sede ao invés de dar a beber, de suscitar questões ao invés de impor respostas.

"O desejo é amor, amor pela verdade." Este amor da verdade que é a mais alta virtude, é o desejo do Despertar (*aletheia*) como objetivo da vida humana, conhecer o Ser que nos faz conhecer, viver e amar, é conhecer-se a "si mesmo"; si mesmo é "Eu sou, infinito e eterno".

Observar os ensinamentos da Sabedoria e ali estar atento conduz à incorruptibilidade, à não morte.

Encontramos no Evangelho de João um forte eco desta passagem.

Yeshua fala como se fosse a Sabedoria encarnada quando Ele diz: "Aquele que escuta minhas palavras e as coloca em prática não conhecerá a morte".

Pedro, no momento em que diversos discípulos quiseram deixá-lo, disse: "Senhor, para onde iríamos? Tu tens as palavras da vida eterna".

Os ensinamentos do Livro da Sabedoria, como aqueles do Cristo, não nos impedirão evidentemente de morrer, mas eles podem despertar em nós a "consciência" da verdade do nosso ser, esta essência incriada que não nasce nem morre.

Assim, o desejo da Sabedoria não nos conduz apenas à realeza política ou carnal, mas nos faz entrar no reino do Espírito.

Como dirá ainda Yeshua: "Meu reino não é deste mundo". É o reino de uma Sabedoria e de um Amor que nada poderia conter e quem, no entanto, permanece por todo lado sempre presente, "neste mundo, mas não deste mundo".

Salomão vai tentar dizer o que é esta Sabedoria – remontar ao princípio da sua existência, dizer o que pode ser conhecido. O que pode ser conhecido, não será jamais "Tudo", mas isso basta para a nossa felicidade e para a nossa salvação.

"A multidão dos sábios é a salvação do mundo" – isso é, sem dúvida, o que mais nos falta.

Sb 6,22. Mas eu vou anunciar o que é a Sabedoria e qual foi sua origem. Não vos esconderei os seus mistérios; mas investigá-la-ei até sua mais remota origem; porei à luz o que dela pode ser conhecido, e não me afastarei da verdade.

23. Não imitarei aquele a quem a inveja consome porque isso é o contrário da Sabedoria:

24. é no grande número de sábios que se encontra a salvação do mundo, e um rei sensato assegura a serenidade de seu povo.

25. Deixai-vos, pois, instruir por minhas palavras e nelas encontrareis grande proveito.

VIII – A sabedoria é mais preciosa do que tudo

Se o autor do Livro da Sabedoria apresenta-se como Salomão, o Rei sábio conselheiro dos reis, ele se reconhece também como um homem: "Para todos é a mesma maneira para entrar na vida e a mesma maneira para dela sair".

Assim, a sabedoria, mesmo que ela seja mais necessária a uns do que a outros, não é privilégio dos poderosos. Todo ser humano pode desejá-la e recebê-la em partilha.

Sb 7,1. Eu mesmo não passo de um mortal como todos os outros, descendente do primeiro homem formado da terra. Meu corpo foi cinzelado no ventre de minha mãe,

2. onde, durante dez meses, no sangue tomou consistência, da semente viril e do prazer ajuntado à união (conjugal).

3. Eu também, desde meu nascimento, respirei o ar comum; eu caí, da mesma maneira que todos, sobre a mesma terra, e como todos, nos mesmos prantos soltei o primeiro grito.

4. Envolto em faixas fui criado no meio de assíduos cuidados;

5. Porque nenhum rei conheceu outro início na existência;

6. Para todos a entrada na vida é a mesma e a partida semelhante.

Salomão não nasceu com a sabedoria ou então esta sabedoria permanecia inconsciente. Ele especifica ter pedido que a inteligência lhe fosse dada e que viesse sobre ele a sabedoria.

Sb 7,7. Assim implorei e a inteligência me foi dada. Supliquei e o espírito da Sabedoria veio a mim.

Esta passagem remete ao Primeiro Livro dos Reis (3,4-14) onde Salomão, diante da sua fraqueza e da sua impotência em governar o povo que lhe é confiado, pede a YHWH/Deus a sabedoria, ou seja, um "coração que escuta" e que discerne o que é justo.

A sabedoria não é um saber, mas uma escuta, uma atenção àquilo que é e "àquele que é o Ser que faz ser tudo aquilo que é".

O sábio, como o terapeuta, não é um sujeito suposto saber, mas um sujeito suposto escutar.

É esta qualidade de escuta e de atenção que YHWH/Deus vai lhe dar como sendo o "único necessário" para discernir a Presença ou a Consciência real que deve estar na Fonte do seu "pensar", do seu "dizer" e do seu "agir".

Essa Consciência primeira que é a própria Presença do Real, YHWH/Deus, sendo Fonte de tudo, deve ser preferida a tudo:

Sb 7,8. Eu a preferi aos cetros e tronos, e avaliei a riqueza como um nada ao lado da Sabedoria.

9. Não comparei a ela a pedra preciosa, porque todo o ouro ao lado dela é apenas um pouco de areia, e porque a prata diante dela será tida como lama.

10. Eu a amei mais do que a saúde e a beleza, e gozei dela mais do que da claridade do sol, porque a claridade que dela emana jamais se põe.

11. Com ela me vieram todos os bens, e nas suas mãos inumeráveis riquezas.

12. De todos esses bens eu me alegrei, porque é a Sabedoria que os guia, mas ignorava que ela fosse sua mãe.

A Sabedoria é a Consciência virgem (Consciência pura) e mãe (Consciência criadora). É por ela que o Real se comunica e se transmite aos seres humanos. Nós a recebemos para dá-la, a Sabedoria não é um tesouro que se guarda mas que se compartilha; como o Amor, é um tesouro que aumenta ao ser dado.

O dom mais precioso da Sabedoria é a amizade com YHWH/Deus, essa intimidade com a Fonte do nosso ser e de tudo aquilo que vive e respira. Nós não somos estrangeiros sobre a terra, nós somos amigos de Deus. A consciência da sua relação comum com a Origem deveria engendrar também a amizade entre os homens. "Vós sois todos irmãos, pois vós compartilheis todos da mesma Origem, a mesma "Consciência mãe". Se vocês todos são filhos de Deus, vocês todos são irmãos, indicará o Evangelho, dando à origem de tudo o nome de "Pai", desvelando assim que o fundo do ser não é só substância, mas relação. A relação filial sendo por analogia aquilo que nos permite participar da Relação infinita na qual "nós temos a via, o movimento e o ser".

A Sabedoria é ao mesmo tempo Deus (Consciência virgem) e dom de Deus (Consciência mãe), essência e energia.

É como energia que ela é transmitida ao sábio e lhe dá acesso aos segredos da natureza e a todas as ciências e saberes que se dirigem a ela.

Sb 7,13. Aquilo que aprendi sem fraude, eu comunicarei sem inveja e não conservarei para mim a riqueza que nela encerra,

14. Porque ela é para os homens um tesouro inesgotável; e os que a adquirem preparam-se para se tornar amigos de YHWH/Deus, "o Ser que faz ser tudo aquilo que é" recomendados (a ele) pela educação que ela lhes dá.

15. Que YHWH/Deus me permita falar com inteligência e ter pensamentos dignos dos dons que recebi, porque é Ele mesmo quem guia a sabedoria e o caminho dos sábios,

16. Porque nós estamos nas suas mãos, nós e nossos discursos, toda a nossa inteligência e nosso saber prático;

17. Foi Ele quem me deu o infalível conhecimento dos seres, a verdadeira ciência de todas as coisas, quem me fez conhecer a constituição do mundo e as virtudes dos elementos,

18. O começo, o fim e o meio dos tempos, a sucessão dos solstícios e as mutações das estações,

19. Os ciclos do ano e as posições dos astros,

20. A natureza dos animais e os instintos dos brutos, os poderes dos espíritos e os pensamentos dos homens, a variedade das plantas e as propriedades das raízes.

IX – O aparente e o oculto

Sb 7,21. Tudo que está escondido e tudo que está aparente eu conheço: porque foi a Sabedoria, criadora de todas as coisas, que mo ensinou.

O aparente está oculto, o Livro da Sabedoria não os coloca em lados opostos; ele nos convida a reconhecê-los como indissociáveis, sendo a própria Sabedoria o vínculo entre a transcendência e a imanência do Ser Um. O invisível se faz visível através dela, na "manifestação" ou "criação" que é como a sua energia empregada.

Ali, ela é "o aparecer" no coração de todas as aparências, ela é aquilo que torna possível a aparição de tudo aquilo que existe; não é por isso que ela fica menos invisível, incriada, inacessível em sua essência.

O que diz Salomão, ou o Sábio, ao proclamar: "Tudo que está escondido e tudo que está aparente, eu conheço"? O que ele vê? Qual é a sua experiência?

Eu sou a Realidade,
eu não sou o Real escondido,
eu sou o Real manifestado,
eu não sou Deus em sua essência,
eu sou Deus em sua energia, sua manifestação.
A Essência e a Energia não estão separadas,
O não manifestado e o manifestado não estão separados,
O escondido e o aparente são Um.

Como o escondido é aparente?
Pela virtude do aparecer
que é o *Logos* ou a *Sophia,*
o Verbo ou a Sabedoria por quem
tudo é criado, manifestado, revelado, encarnado.
Quando eu digo
eu sou o sol

eu não estou mentindo,
um raio de sol é o sol.
Quando eu digo
eu não sou o sol,
eu não estou mentindo,
um raio de sol não é "todo" o sol.

Sum, non sum;
"Eu sou", eu não sou o que eu sou, "eu sou o que eu sou".
O que existe de mais evidente e de mais invisível do que a luz?
Conhecer o aparente e o escondido,
É abrir os olhos à luz.
"Do lado de onde viemos, do lado para onde vamos, qualquer
que seja o lado para onde nos viramos
há luz,
qualquer que seja o objeto para o qual nos inclinarmos, ele está
na luz,
qualquer que seja a pessoa que observamos, ela está na luz.

A Consciência é a luz que ilumina meu olhar, é ela que torna
todas as coisas visíveis.
Na noite
A luz está sempre aqui,
Sempre invisível, sempre transparente,
E é nesta luz
Que eu vejo a luz.
A menor das consciências,
Como poderia não ser a Consciência?

A luz é una e simples,
Apenas varia o seu brilho, sua intensidade, sua pureza.

O Real é um, apenas variam as realidades, sua leveza, sua densidade, seu peso, mas nada pode medir sua "essência".

A Sabedoria é esta qualidade de escuta e de visão
Que vê a luz em toda coisa,
Que ouve o seu silêncio.

A Sabedoria é um coração sensível
à presença que habita e transfigura o objeto ou o acontecimento
que passa.
Para ela,
o bem-amado, a bem-amada está em todo lugar,
tudo é o seu corpo.

A luz está em flor.
No voo do urubu ou na cantiga cantada por uma menina,
A luz nos faz um sinal.

Sem a Sabedoria
Eis que as coisas são vazias,
Vazias de um vazio maior,
O do Incriado, fonte de suas aparições.
Elas não aparecem mais, elas são apenas aparências.
Eis que as coisas perderam seus semblantes,
Elas não nos olham.

Sem a Sabedoria
Seus olhos estão sem luz
E não é a noite,
Mas um breu espesso

Que absorve os ecos.
Podemos gritar nos vales da morte,
Jamais nada nos responderá,
Não falamos mais com a Vida
Haveria alguém para nos escutar?

A Sabedoria não é mais,
mas ninguém carrega o seu luto.
Fazer o luto da Sabedoria,
sua imensa nostalgia, seria o que nos resta de sabedoria, mesmo
que ela se esconda.

Onde estás tu, ó minha luz? Ó meu desejo, onde estás?
"Se a luz que está em ti é trevas, que trevas!"

É preciso despertar "primeiro" o olho do coração para a luz, para
ver a luz em todas as coisas. É preciso despertar "primeiro" o coração
à "luz do Amor" para "amar todas as coisas na luz".

"Procurai 'primeiro' o Reino de Deus e a sua justiça e todo o
resto lhe será dado em acréscimo." Procurai primeiro o reino do Espírito e da Sabedoria sobre todas vossas faculdades: "Dar-se" ao invés
de "submeter-se" ao amor e todas as coisas nos aparecem diferentes,
transfiguradas.

O mundo visto pelo olho desperto do coração não é mais o mundo, mas o Reino. Tenha um coração e serás salvo e uma multidão será
salva ao seu lado.

Sem a Sabedoria, luz do Amor, quem pode ser salvo? Ou seja,
curado da sua finitude, da sua doença de morte? Na luz do amor tudo
respira ao largo, tudo aparece em seu lugar no Infinito; luz na luz.

A questão permanece: "Como despertar este olhar do coração, como viver na luz do amor, se isso não pode ser aprendido, obtido, merecido?"

Salomão teve o pressentimento: "Um coração que escuta", uma inteligência atenta, dos olhos e das orelhas; uma boca, um nariz, uma mão que se abrem – seria este o começo do despertar e da visão?

Se nós prestarmos atenção às aparências, talvez elas façam a sua "aparição", talvez nós possamos discernir a Sabedoria invisível e in-criada, que as faz aparecer?

Talvez YHWH/Deus nos fará contemplar a sarça ardente, sua teofania: matéria na luz, luz na matéria? Deus no homem, o homem em Deus?

Mas esta escuta e esta atenção não devem, primeiro, voltar-se (*métanoiete*) ao "interior"? ali onde não há nada a ser visto, senão a Luz, Consciência infinita daquele que vê; em seguida, descobriremos que aquilo que chamávamos de "exterior" está no interior; a partir deste interior todo externo assim como todo interno está mergulhado na Luz única.

Assim o aparente e o escondido, o Invisível e o visível, YHWH/Deus, em sua essência e sua energia, é a Sabedoria que nos faz conhecer, "é o obrador de todas as coisas que nos instrui".

O Deus revelado pelo Livro da Sabedoria não é apenas um Deus retirado em sua transcendência, um princípio primeiro sempre inacessível, um motor primeiro sempre imóvel, Ele é "fervilhante de energia criadora" e a Sabedoria é o reconhecimento do dom que Ele nos faz de si mesmo através de todas as coisas.

A *Sophia* está próxima aqui da *Shakti Spanda* das antigas tradições da Índia. Mas, mais ainda da *ruah*; o Sopro ou Espírito de Deus por quem e em quem tudo é criado. "Tudo existe nele", dizia São João a respeito do *Logos*.

Cada tradição emprega termos diferentes para maravilhar-se diante desta evidência e deste mistério: há alguma coisa ao invés de nada.

Qual é a origem desta alguma coisa? Como tudo isso vem à existência? Será miragem ou milagre? Por que existe miragem ou milagre? Qual é a Consciência que discerne o que é do que não é? Qual é esta "obradora" que está à obra, nas traças e nas estrelas, no cavalo e no computador, na rosa e no diamante, nas mãos, no cérebro e no coração dos homens? Quem é esta Sabedoria que inspirou Salomão, aqueles que eram antes, aqueles que serão depois ele? Qual é esta Sabedoria, que os sábios dizem amar?

X – A obreira de todas as coisas

Sb 7,22. Há nela, com efeito, um espírito (sopro) inteligente, santo, único, múltiplo, sutil, móvel, penetrante, puro, claro, inofensivo, inclinado ao bem, agudo,

23. Livre, benéfico, benévolo, estável, seguro, livre de inquietação, que pode tudo, que cuida de tudo, que penetra em todos os espíritos, os inteligentes, os puros, os mais sutis.

24. Mais ágil que todo o movimento é a Sabedoria, ela atravessa e penetra tudo, graças à sua pureza.

25. Ela é um sopro do poder de YHWH/Deus, "o Ser que faz ser tudo aquilo que é", uma emanação límpida da glória do Todo-poderoso; assim mácula nenhuma pode insinuar-se nela.

26. É ela uma efusão da luz eterna, um espelho sem mancha da atividade de YHWH/Deus e um ícone da sua bondade.

27. Embora única e "una", ela tudo pode; imutável em si mesma, renova todas as coisas. Ela se derrama de geração em geração nas almas santas e forma os amigos e os profetas de Deus,

28. Porque YHWH/Deus, "o Ser que faz ser tudo aquilo que é" somente ama quem vive com a Sabedoria!

29. É ela, com efeito, mais bela que o sol e ultrapassa as constelações. Comparada à luz, ela se sobreleva,

30. Porque à luz sucede a noite, enquanto que, contra a Sabedoria, o mal não prevalece.

O autor desfia vinte e uma qualidades da Sabedoria, ou seja, três vezes sete, símbolo da realização e da perfeição. A *Sophia* é aqui sinônimo do *Pneuma* e todas essas qualidades estão presentes como dons ou manifestações do *Pneuma*; inteligência, santidade, sutilidade, pureza.

Alguns caracteres são antinômicos: unidade, multiplicidade – é preciso notar que, para falar de unicidade da Sabedoria, o livro emprega a palavra "monogênico" que será retomada por São João em seu Prólogo sobre o *Logos*.

"Filho de Deus, monogênico" que geralmente traduzimos por "Filho único" que poderá ser empregado em um sentido exclusivo; Jesus é o "único" Filho de Deus, não há outro.

"Monogênico" não tem este sentido, ele evoca principalmente a unidade interna do sujeito, seu ser unificado, "de um único gene", como diríamos de um "único jato", de um único movimento *pros ton théon* para o *arché*, o Pai, a Origem.

Cada um de nós é chamado a tornar-se um ser único, à imagem de Deus, uma ipseidade à imagem da sua ipseidade. "Eu Sou" é ao mesmo tempo o nome mais "próprio" e o mais universal, aquele do Espírito encarnado até a fina ponta de um "eu" particular, único-monogênico, sem nada perder das suas qualidades divinas, infinitas, não limitadas pela forma na qual ele se manifesta.

O autor do Livro da Sabedoria insiste sobre a "mobilidade" do Espírito que "atravessa e penetra tudo, graças à sua pureza".

Trata-se realmente da pura Consciência, presente em todas as coisas que nada consegue capturar, compreender ou determinar; não se trata tanto de uma "Substância única", capaz de tomar as formas mais variadas, ao mesmo tempo Una e múltipla (cf. Spinoza) como de uma Relação "viva" e "sutil" que, segundo o texto, mantém todas as coisas unidas, sem confundi-las nem separá-las.

O texto fala também da "emanação" do "brilho" da glória, ou seja, da Presença de YHWH/Deus. A sabedoria é a face revelada do Deus escondido, ela é o visível do Invisível.

As epístolas de Paulo retomarão este tema, particularmente a Epístola aos Hebreus que citará palavra por palavra o Livro da Sabedoria para falar do Cristo: "Ele(Ela) é o resplendor da luz eterna, um espelho sem mácula da atividade de YHWH/Deus, um ícone da sua beleza" (Sb 7,26; Hb 1,3).

É a Sabedoria que nos faz entrar na intimidade com Deus, é ela que nos une à Fonte, essa consciência de fazer apenas um com o princípio e a essência do nosso ser, é isso que a linguagem bíblica chamará de amizade com Deus.

É a Sabedoria que faz os amigos de Deus e os profetas. Ela desperta no coração do homem a visão e a proximidade com o Ser.

Jesus falará aos seus discípulos como se Ele próprio fosse a Sabedoria: "Eu não vos chamo mais de servos, mas de amigos, tudo aquilo que o Pai me ensinou eu vos faço conhecer [...]. Ali de onde eu venho, ali onde eu sou, onde eu estou, lá para onde eu vou, eu quero que vocês estejam, eu quero que vocês sejam também".

E é o *Pneuma* (o Espírito, a Sabedoria) que os conduzirá à verdade toda inteira (*aletheia*) rumo à plenitude do Despertar, "ali onde eu sou", "ali onde vós sois".

O autor do Livro da Sabedoria enfatiza: "Deus só ama aquele que vive com a Sabedoria". Deus ama apenas aquele que ama, "aquele que é o que Ele é". "Entrar" na clareza inimaginável da Sabedoria é conhecer e viver isso.

Sb 7,29-30. *É ela, com efeito, mais bela que o sol e ultrapassa as constelações. Comparada à luz, ela se sobreleva porque à luz sucede a noite, enquanto que, contra a Sabedoria, o mal não prevalece. A Sabedoria reside além dos contrários.*

A Sabedoria não é apenas *coincidentia oppositorum*, coincidência dos contrários, unidade reencontrada; ela está além dos contrários, ou seja, ela não procura fazer um "todo" com os contrários, abolindo na unidade a diferença dos opostos. Estando além, ela os contém, sem confundi-los; os contrários permanecem contrários e, no entanto, não estão separados.

A sabedoria de Salomão é o pressentimento desta unidade paradoxal, na qual o homem é chamado a viver à imagem de YHWH/ Deus, que não é um ser estático, uma grande mônada, mas uma relação viva onde o um e o múltiplo não são opostos.

Não é mais o um que se opõe ao dois, "o Um indiferenciado", é o Um que contém os dois e os suplanta, é o Um diferenciado, o Um-Trindade sobre o qual falarão mais tarde as teologias cristãs, meditando sobre a unidade paradoxal na qual vive Yeshua com seu *Abba*, seu pai e seu princípio, no Espírito Santo, ou seja, a Sabedoria ou o "terceiro incluso", sobre o qual nos fala o Livro de Salomão.

XI – A sabedoria, esposa bem-amada do sábio

Sb 8,1. Ela estende seu vigor de uma extremidade do mundo à outra e governa o universo com bondade.

2. Eu a amei e procurei desde minha juventude, esforcei-me por tê-la por esposa e me enamorei de seus encantos e beleza.

3. Ela realça e faz brilhar sua nobre origem ao viver na intimidade de YHWH/Deus, pois ela é amada pelo Senhor de todas as coisas.

4. Ela é iniciada na ciência do "Ser que faz ser tudo aquilo que é" e é ela quem decide de suas obras.

5. Se a riqueza é um bem desejável na vida, que há de mais rico que a Sabedoria que tudo criou?

6. E, se é a inteligência que opera, o que, então, mais que a Sabedoria, é artífice dos seres?

É Deus ou a sabedoria quem cria todas as coisas? Seria "a obradora daquilo que é" "quem governa o universo com bondade", "que opera tudo", como diz o Livro de Salomão?

É interessante lembrarmo-nos da evolução das "representações de Deus" na história de Israel[18]. Não devemos falar logo de pronto sobre monoteísmo, mas sobre "monolatria". Israel é chamado a escolher YHWH como "seu Deus", da mesma maneira como seus vizinhos, que também escolhem um deus e para eles "não há outros deuses". A cada povo o seu deus; YHWH é "o Deus de Israel", Aquele que Israel considera ser o melhor:

> Quem é como Tu dentre os deuses, YHWH?" (Ex 15,11; 18,10; Sl 85,86).

> Escuta, Israel, YHWH é nosso Deus [...]. Não seguireis outros deuses, entre os das nações que vos cercam (Dt 6,4-14).

É apenas com o exílio na Babilônia que o Profeta Isaías vai proclamar que não apenas YHWH é "único" no sentido deuteronômico, mas com relação a todos os deuses da Babilônia, Ele é "o único" a merecer o nome de Deus: "Eu sou YHWH, sem segundo, não há outro deus" (Is 45,5-45.14-22; 46,9).

---

18. Cf. CERBELAUD, D. *Écouter Israël*. Du Cerf, 1995, p. 20-24.

A partir de então YHWH não é mais apenas o Deus de Israel: "Ele é chamado o Deus de toda a terra" (Is 54,5).

A partir desse momento YHWH é considerado como a Origem e o Criador de tudo aquilo que existe[19]; é esta afirmação que os poetas e os teólogos do Livro do Gênesis colocarão em cena (cf. Gn 1,1).

Os outros deuses ou deuses das outras nações serão, dali em diante, considerados como "nadas" ou como ídolos.

A afirmação da sua transcendência e do seu caráter inefável além e acima de tudo terá tendência a aprofundar uma distância cada vez maior, um "abismo" entre o Criador e as criaturas, entre YHWH e os seres humanos.

É no seio deste "abismo, poderíamos dizer, que vai nascer a ideia da Sabedoria que está em Deus e que opera todas suas obras. De uma certa maneira, a Sabedoria vai salvaguardar a transcendência de YHWH; ela encarrega-se da sua imanência, ela permanece escondida, o *Deus absconditus*; ela é *Deus revelatus*, a Consciência mãe de todas as coisas.

De um ponto de vista histórico, é "na época do pós-exílio que a Sabedoria fez sua entrada no corpo bíblico. Os estudiosos estão de acordo em remontar até o século V a.C. os cap. 1 a 9 do Livro dos Provérbios[20], dos quais o Livro da Sabedoria é um eco.

A Sabedoria vai tornar possível a visão do mundo como teofania, o mundo não é Deus, YHWH transcendente; ele também não é sem Deus, ele é a sua manifestação, sua *shekinah*, sua presença; sua energia, dirá mais tarde Gregório Palamas.

Poderíamos colocar em ressonância essa visão do *Deus absconditus*, YHWH/Deus e do *Deus revelatus* (*Logos-Sophia*) com as grandes tradições da Índia, onde fala-se de Brahman, o Incondicionado,

---

19. Cf. Is 40,21.22.26.28; 44,24; 45,12-18; 51,13.
20. Cf. CERBELAUD,D. Op. cit., p. 24.

Ela, a mãe universal,
Sem forma no Sem-forma,
Para o seu adorador ela reveste uma forma;
Aquele que desta maneira preenche a união divina,
poderia ser seduzido pelo Nirvana?
Prasâd diz: "De um espírito puro,
em cada mulher venera a Shakti,
e da mesma forma em cada homem contempla
Bhairava"[24].

É desta maneira que o livro atribuído a Salomão vai considerar a Sabedoria como uma essência feminina que é preciso buscar e desposar desde sua juventude, "tornar-se amante da sua beleza" e viver longos dias em sua companhia.

XII – A intimidade com a sabedoria

Sb 8,5 Se a riqueza é um bem desejável na vida, que há de mais rico que a Sabedoria que tudo criou?

6. E, se é a inteligência que opera, o que, então, mais que a Sabedoria, é artífice dos seres?

7. Amamos a justiça? Seus trabalhos são as virtudes; ela ensina a temperança e a prudência, a justiça e a força: não há ninguém que seja mais útil aos homens na vida.

8. Se alguém deseja uma vasta experiência, ela sabe o passado e discerne o futuro; conhece as sutilezas oratórias e resolve os enigmas; prevê os sinais e os prodígios, e o que tem que acontecer no decurso das épocas e dos tempos.

9. Portanto, resolvi tomá-la por companheira de minha vida, cuidando que ela será para mim uma boa conselheira, e meu encorajamento nos cuidados e na tristeza.

[...]

---

24. RAMPRASÂD. *Chants à Kali* [Cantos a Kali], 173. Belles Lettres, 1982.

16. Recolhido em minha casa, repousarei junto dela, porque a sua convivência não tem nada de desagradável e sua intimidade nada de fastidioso; viver em sua intimidade traz o prazer, o contentamento e a alegria.

17. Meditando comigo mesmo nesses pensamentos e considerando em meu coração que a imortalidade se encontra na intimidade e na aliança com a Sabedoria,

18. Em sua afeição uma nobre alegria, no trabalho de suas mãos uma riqueza inesgotável, na frequentação assídua da sua inteligência e da glória de entreter-se com ela.... saí à sua procura, procurando como estar com ela.

Uma das revelações mais surpreendentes do Livro da Sabedoria é esta presença do ser feminino no coração do "Ser que faz ser tudo aquilo que é".

Sem esta presença, Ele não existiria, Ele permaneceria desconhecido para sempre em sua incognoscibilidade.

É a Sabedoria que o faz existir e liberta as riquezas do seu "tesouro escondido".

Mesmo que Ele permaneça sempre "retirado", graças à Sabedoria, Ele pode ser conhecido e amado, amado "sob a mais bela das suas formas". A mais bela das suas formas será, para o judeu de fé, a Torá; de uma certa maneira, para ele, toda sabedoria reabsorve-se na Lei transmitida por Moisés.

A Sabedoria e a Lei: tudo é um; o Deus incognoscível não pode se manifestar sob uma forma mais bela.

Para o muçulmano, Alá, que permanece sendo para ele o inacessível, o incriado, o impensável, se faz conhecer no Corão, e esta é a mais bela das suas formas; aqueles que dizem que outras teofanias são possíveis, como Ruzbehan Baqli Shiraz e os "fiéis do Amor", que viam na mulher idealizada um receptáculo possível do divino, serão mais ou menos considerados "heréticos".

Quando esta teofania se manifesta no corpo do Imã (xiismo) ou do Mestre espiritual, por exemplo, Shams de Tabriz para Rumi, isso é mais aceito.

Será que se trata da mesma realidade, do mesmo desejo que habita todos os amigos da Sabedoria: ver, reconhecer o Invisível no visível? Não apenas nas letras do livro (Torá, Corão), mas também na criação e no corpo humano, o mais nobre, o mais belo ou o mais pobre ou o mais desfigurado – mas talvez seja próprio do cristianismo contemplar o Único, o Incriado, o Incognoscível, fazendo-se conhecer e reconhecer no corpo do Cristo, transfigurado, desfigurado, morto, ressuscitado, em quem parecem se reunir todos os corpos possíveis, humilhados ou gloriosos, da humanidade.

Quando o mundo é contemplado com Sabedoria (ou no Espírito Santo), percebemos a beleza; não é mais o "mundo", é o Reino, teofania ou presença de Deus.

Normalmente, todos que creem vivem neste "mundo intermediário" ao qual daremos diversos nomes (o Cristo o chamará de Reino); mundos intermediários entre o puro inteligível, o Ser que é o que Ele é, *Deus absconditus* e o puro sensível, a matéria que é também o que ela é, a velocidade ou a frequência mais lenta da luz: *Deus incarnatus*.

Assim, para o cristão, o inefável pode se manifestar sob a mais bela das suas formas que é o Cristo, o *Logos* encarnado, não apenas na carne humana de Yeshua de Nazaré, mas na forma de todo ser humano (do mais "pecador" ao mais "santo"), já que ele é "o filho mais velho de uma multidão de irmãos" e o *Logos* (a *Sophia*), sempre permanecendo coeterno ao Princípio, continua a encarnar-se em todos os seres humanos mas também em todos os seres cósmicos.

Francisco de Assis vivia em um clima teofânico. Ele reconhece o seu Senhor na mais bela das suas formas, no Jesus crucificado, mas também no leproso, no lobo e nos pássaros. Seu olhar não é detido por nenhuma forma, a luz do sem-forma ou do além de toda forma manifesta-se a ele em todas as coisas.

Seria interessante explorar mais o que cada cultura, civilização ou religião considera ser a mais bela das formas, ou "descida do divino" (*avatara*), para usar os termos da tradição da Índia que parece ser uma das mais preparadas para reconhecer a presença do *Brahman* irrepresentável nas representações mais diversas. Ela chegará a dizer que cada *Atman* ou alma individual, *jiva*, "é" o *Brahman*.

"Tu és isto", "Tu és o Real Absoluto": essas palavras parecem fazer eco, em clima "monoteísta", ao "Eu sou isso", eu sou o Real, eu sou o Absoluto, *An Al Haqq*, de Hallaj.

No entanto, se em alguns lugares por vezes somos venerados por dizer a verdade ou aquilo que é vivido no segredo, em outros lugares seremos crucificados pela mesma razão. Este foi o caso do Cristo e de Hallaj. Viver e provar-se como teofania do Inefável, como Sabedoria manifestada ou "Deus encarnado", nem sempre significa repouso, mesmo se for realmente a paz – *hesychia, shanti, shalom, salam* – que brilha na "mais bela das suas formas".

A respeito do feminino em Deus ou desta presença que trabalha ao seu lado, o Livro da Sabedoria dará origem a numerosas especulações, especialmente para aqueles que reconhecerão na mulher desejada, amada, idealizada, sublimada, a mais bela das formas.

Para cada um, existe um semblante da beleza que provoca o chamado.

Lembramo-nos desta "luz loura" que apareceu a Vladimir Soloviev criança, no coração de uma liturgia ortodoxa. Essa luz que se encontrará com ele na British Library de Londres ou no deserto perto do Cairo, ele a chamará de "Rainha da sua alma" e é ela que inspirará a sua obra[25].

---

25. Cf. SOLOVIEV, S.M. *Vie de Wladimir Solowiew par son neveu* [Vida de Vladimir Soloviev contada pelo seu sobrinho]. Éd. S.O.S, 1982 [pref. notas e trad. de Mons. Jean Rupp].

A tentação será, para ele como para muitos outros, querer capturar e compreender esta "*Sophia* divina" na forma carnal das mulheres que ele encontrar e que, apesar de todas as suas qualidades, são apenas um reflexo longínquo da "mulher que o seu coração ama" – esta é incriada. Novamente, podemos dizer que o véu da carne revela e esconde ao mesmo tempo o real que inspira e insatisfaz o desejo veemente do buscador da verdade.

Para os "sofiólogos", mas também para muitos místicos, "a mais bela das formas" é exatamente a do corpo e do rosto humanos. Para uma mulher, frequentemente é o corpo e o rosto de um homem: isso é evidente para Teresa de Ávila, Teresa de Lisieux, Ângela de Foligno, Maria da Encarnação e outras. Jesus é "seu Senhor e seu Deus", humano e divino, visível e invisível, que aprofunda seu desejo e ao mesmo tempo o satisfaz.

Mas São Bernardo, São Francisco, São João da Cruz e muitos outros místicos masculinos terão a mesma devoção pelo corpo, o sangue e o semblante de Yeshua, seu Senhor inacessível e encarnado.

Da mesma maneira, na tradição do Islã, a forma onde se materializa a teofania pode ser masculina ou feminina, com talvez uma preferência pelo feminino entre os predominantemente filósofos, particularmente Ibn Arabi ou Omar Ibn al Farid.

Esses, meditando sobre a essência deste Deus que se dá (a essência, *dhat* em árabe, pertence ao gênero feminino) e meditando sobre o Espírito e o seu sopro de vida (como em hebraico, *ruah*, em árabe, o Espírito, *ruh*, é feminino), pensam que, na medida em que Deus se revela, só podemos apreendê-lo no modo feminino. "É a mulher que revela o segredo do Deus do Amor. Ela aparece ao olhar daquele que está em busca da Essência como a matriz das teofanias que manifesta o Único assim desencadeando um desejo sem fim."

Meditando sobre este ponto da doutrina de Ibn Arabi, um comentarista escreveu, a partir de um texto de Rumi onde é afirmado que é exatamente entre as mulheres que melhor se manifesta a atividade criadora do divino[26], que "Deus não pode ser visto separado da matéria, e Ele é visto mais perfeitamente na matéria humana do que em qualquer outra, e mais perfeitamente na mulher do que no homem. Pois [...] quando (o homem) contempla Deus na mulher, ele o contempla ao mesmo tempo como *agens et patiens*. Deus manifestado sob a forma da mulher é *agens* em virtude do seu poder soberano que se exerce sobre a alma do homem e o impele a devotar-se e a submeter-se à sua causa, e Ele é também *patiens*, pois, na medida em que Ele aparece na forma feminina, Ele está sob controle do homem e às suas ordens: dali vem o fato de que ver Deus na mulher é vê-lo sob um e outro aspecto, e uma tal visão é mais perfeita do que vê-lo em todas as outras formas nas quais Ele manifesta a si mesmo"[27].

Assim, compreendemos que, quando ele vai à Meca no ano 598 da Hégira e ali encontra a "mulher perfeita" sob os traços de Nizham, a filha de um *shaykh* persa, Ibn Arabi é submergido de amor por aquela na qual ele vê "a expressão da própria Essência divina e a Presença do Amor em todas suas epifanias"[28].

Não poderíamos passar por este tema do feminino nas diferentes tradições místicas e permanecer em silêncio quando conhecemos, por outro lado, a reputação de Salomão com relação às mulheres. Elas foram numerosas a dar testemunho da beleza do Único. No templo construído graças a suas ordens e ao esforço de milhares de obradores e de escravos, Salomão podia preferir, como fará mais tarde Yeshua, o corpo humano, "não feito pelas mãos do homem"; *acheiropoietes*, o ícone por excelência da divindade inacessível e da *Sophia* criadora.

---

26. *Rumi, Mathnawi-i ma'nawi*, 1, 2437. Apud SCHIMMEL, A.-M. Op. cit.

27. NICHOLSON, R.A. *Rumi: Mathawi... – A Commentary*. T. I., Londres, 1925. Citado por A.-M. Schimmel.

28. Cf. CAZENAVE, M. *La face féminine de dieu, Hélène, Sophia, le Saint-Esprit et Jésus*: quatre figures essentielles du féminin de Dieu [A face feminina de Deus, Helena, Sofia, o Santo Espírito e Jesus: quatro figuras essenciais do feminino de Deus']. Éd. Noesis, 1998, p. 133-134.

Quem não sonharia em repousar com ela, em permanecer com ela, "porque a sua convivência não tem nada de desagradável e sua intimidade nada de fastidioso; viver em sua intimidade traz o prazer, o contentamento e a alegria" (Sb 8,16).

XIII – Oração para pedir a sabedoria

Sb 8,19. Eu era um menino feliz por natureza, dotado de uma alma excelente,

20. Ou antes, como era bom, eu vim a um corpo intacto;

21. Mas, consciente de não poder possuir a Sabedoria, a não ser por dom de YHWH, "o Ser que faz ser tudo aquilo que é"... e já era inteligência o saber de onde vem o dom, eu me voltei para o Senhor e invoquei-o, do fundo do coração.

Sb 9,1. Deus de nossos Pais e Senhor de Misericórdia. Vós, que pelo vosso Logos fizestes todo o universo,

2. E que, por vossa Sophia, formastes o homem para cuidar das criaturas que fizestes,

3. Para governar o mundo na santidade e na justiça, e proferir seu julgamento na retidão de sua alma,

4. Dai-me a Sabedoria que partilha do vosso trono, e não me rejeiteis como indigno de ser um de vossos filhos.

5. Sou, com efeito, vosso servo e filho de vossa serva, um homem fraco, cuja existência é efêmera, pouco apto a compreender a justiça e as leis;

6. Porque qualquer homem, mesmo perfeito, entre os homens, não será nada, se lhe falta a sabedoria que vem de Vós.

Geralmente interpretamos essa passagem do Livro da Sabedoria relacionando-a ao orfismo ou a algumas filosofias gregas que creem na transmigração das almas que, de vida em vida, escolhem para si corpos adaptados ao seu grau de evolução. O corpo recebido no nascimento é a consequência dos atos passados. Pelos esforços da sua alma e a justiça da sua vida presente, ele poderá "merecer" um corpo em melhor saúde, um nascimento mais elevado ou a libertação do corpo que é nascimento na Eternidade, objetivo da evolução da alma. Liberto de todos esses apegos ou contingências materiais, ela pode unir-se ao seu Princípio.

Será essa a única interpretação possível das palavras atribuídas a Salomão, onde a antropologia grega e a dualidade alma-corpo (*psyché-soma*) pareceria ter a precedência sobre a antropologia semita, onde a alma e o corpo não estão separados? Um corpo sem alma não é mais um corpo, mas um cadáver; uma alma sem corpo também não é uma alma, já que ela não tem nada, não tem matéria ou forma a ser animada.

Deveríamos, então, falar mais do ser humano como de uma "alma encarnada" ou de um "corpo animado", a alma e o corpo sendo uma única e mesma realidade, tendo uma polaridade carnal, material e uma polaridade espiritual (*nephesh-bazar*).

A alma e o corpo são dois componentes indissociáveis do composto humano. Para que este "composto" subsista em uma dualidade e uma unidade integrada, basta não esquecer este terceiro termo, o Real infinito, que ao mesmo tempo unifica e diferencia as polaridades: a própria Sabedoria, a presença de YHWH/Deus, que faz ser tudo aquilo que é assim como isto é. No caso presente, uma "alma boa e um corpo sem mácula", sendo o corpo a expressão da alma e sendo a bondade da alma aquilo que dá ao corpo sua pureza.

Os dois fazem apenas Um neste dom que os conclama à existência: o Ser-Bom, YHWH/Deus. Essa interpretação "não dualista" re-situa o texto do Alexandrino em seu contexto que é o da biblioteca hebraica (*biblos*); isso é igualmente coerente com aquilo que precede e com aquilo que vai vir em seguida, nada existe que não seja um dom de YHWH/Deus. A essência comum a todos os níveis de

122

realidade ou de manifestação do Real é este dom gratuito que vem do além do Ser.

A sabedoria que será testemunhada por Salomão não é uma sabedoria adquirida pelo poder da sua ascese, o rigor dos seus estudos; ela é um dom de Deus. A prática da sabedoria não produz a graça, é da graça que decorre a prática. Para Salomão, "já é da ordem da inteligência saber de quem vem o favor". Para obter a sabedoria é preciso primeiro pedi-la, colocar-se em estado de receptividade, de atenção, de escuta (e isso já é sabedoria). É preciso "orar" com o coração. YHWH responde a esta oração, a esta sede, a este grito ou a esta nostalgia do coração.

As palavras da oração tampouco devem ser negligenciadas; elas tentam colocar em palavras aquilo que habita o coração de Salomão ou do autor do Livro da Sabedoria:

"Deus dos Pais": é ao Deus de Abraão, de Isaac e de Jacó que ele se dirige. Ele não está em relação intelectual com um princípio abstrato, uma "causa primeira", ele está em relação afetiva com a Fonte do seu ser e da linhagem a qual ele pertence, mas seu Deus não é apenas "um deus": o Deus de Israel é também "o Senhor da misericórdia", Aquele que, através do seu *Logos*, fez o universo". Ele não é um ser, Ele é um Ser, por quem tudo existe e o fundo deste Ser é misericórdia (*Rahman*); "matricial", traduzia Chouraqui.

O sábio chama, indiferentemente, a energia oriunda da sua essência, de *Logos* ou *Sophia*. É pelo *Logos* que YHWH/Deus faz o universo, é pela *Sophia* que Ele "forma o homem, para cuidar das criaturas que Ele fez".

De passagem, notaremos que o homem não é formado para dominar ou domesticar "as criaturas", mas para cuidar delas.

Sua "domesticação" e sua competência não deveriam ser as do poder, mas as do serviço. O homem é o jardineiro da criação, ele deve "cuidar dela", fazê-la florescer e frutificar. Não se trata de apropriar-se

123

dela, de tomar o poder sobre ela, de assim reduzir a terra a "território", o que logo a transformaria em campo de batalha, em seguida em campo de ruínas e depósito de lixo.

A Sabedoria é "colocar em ordem" o mundo, ali introduzir o *Logos* e é através desta participação à Inteligência criadora que o ser humano pode ser cocriador e fazer do "caos" um "cosmos", da terra e do terreno sem cultivo, um jardim, um *pardés*, um paraíso.

Salomão reconhece seus limites (encontramos aqui as próprias palavras da sua oração no Livro dos Reis).

> Sou, com efeito, vosso servo e filho de vossa serva, um homem fraco, cuja existência é efêmera, pouco apto a compreender a justiça e as leis (Sb 9,5).

Se a Sabedoria é saber que nada sabemos, a justiça é provar que não podemos ser justos por nós mesmos.

O amor é descobrir que somos incapazes de amar verdadeiramente, livremente, sem expectativa.

Então, novamente, trata-se de reconhecer o Conhecimento, o Amor e o Ato justo, como "graças" cuja Sabedoria de YHWH/Deus é a Fonte e pela oração beber incessantemente desta Fonte, tornar-se assim "capaz" do dom de Deus e "exercer o julgamento com retidão, justiça e santidade".

Sem Ela, que compartilha o trono de Deus, sem a Sabedoria, o ser humano não é nada, "sem Ele, nada", *sine ipso, nihil*, dirá o prólogo de São João ao falar do *Logos*.

Quando o homem acolhe a Sabedoria que vem de YHWH/Deus, seu pó dança na luz, a *ruah*, o *Pneuma* o anima, o torna vivo, de agora em diante ele é um "filho de Deus".

> Porque qualquer homem, mesmo perfeito, entre os homens, não será nada se lhe falta a sabedoria que vem de Vós. (Sb 9,6).

A sabedoria de Salomão, se ele faz referência aos filósofos gregos, evocando por exemplo a temperança, a prudência, a justiça e a força (Sb 8,7), virtudes cardinais dos aristotélicos e dos estoicos, é antes de tudo uma sabedoria que vem de YHWH/Deus; ele não pode extrair daí nenhum orgulho, nenhum mérito, apenas um infinito reconhecimento, uma imensa gratidão e a lembrança de que tudo isto lhe é dado para o serviço e o bem-estar de tudo e de todos.

XIV – É a sabedoria que nos salva

Tendo reconhecido seus limites, sua incapacidade de ser sábio por si mesmo e invocado a sabedoria como sendo o dom de Deus por excelência, o sábio lembra qual foi e qual será a sua missão: construir o templo, oferecer ao seu povo um lugar de encontro com YHWH/Deus, um lugar onde a presença de Deus, derramada por todo o universo, reúne-se e torna-se densa, sem enclausurá-la.

O desejo de Salomão é o de fazer incessantemente a vontade de Deus, mas sem a sabedoria, como ele poderia saber o que agrada a Deus? Os pensamentos contraditórios o despedaçam, o peso e as necessidades do corpo o deixam pesado, múltiplas preocupações o dispersam.

> E quem conhece vossas intenções, vossa vontade, se vós não lhe tiverdes dado a sabedoria, e enviado do mais alto dos céus vosso Espírito Santo? (Sb 9,16).

É o Espírito Santo que faz de nós filhos de Deus e é Ele que conforma nossa vontade à vontade de Deus, ou seja, a vontade da Vida e do Amor que Yeshua chamará mais tarde de "Seu Pai e Pai nosso"; Ele nos transmitirá em sua oração um eco da oração de Salomão e de todos os sábios e profetas que o precederam: "Que eu saiba o que te agrada", "seja feita a vossa vontade".

Sb 9,7. Ora, Vós me escolhestes para ser rei de vosso povo e juiz de vossos filhos e vossas filhas.

8. Vós me ordenastes construir um templo sobre vossa montanha santa e um altar na cidade em que fixastes vossa tenda, imitação da tenda sagrada que Vós preparastes desde o princípio.

9. Mas, ao lado de Vós está a Sabedoria que conhece vossas obras; ela estava presente quando fizestes o mundo, ela sabe o que é agradável aos vossos olhos, e o que é conforme aos vossos mandamentos.

10. Fazei-a, pois, descer de vosso santo céu, e envia-a do trono de vossa glória, para que, junto de mim, tome parte em meus trabalhos, e para que eu saiba o que vos agrada.

11. Com efeito, ela sabe e conhece todas as coisas; prudentemente guiará meus passos, e me protegerá no brilho de sua glória.

12. Assim, minhas obras vos serão agradáveis; governarei vosso povo com justiça, e serei digno do trono de meu pai.

13. Que homem, pois, pode conceber a vontade de YHWH, "o Ser que faz ser tudo aquilo que é"? Quem pode penetrar nas determinações do Senhor?

14. Tímidos são os pensamentos dos mortais, e instáveis suas reflexões: um corpo corruptível, de fato, torna a alma pesada e esta tenda de argila oprime o espírito carregado de múltiplas preocupações.

15. Mal podemos compreender o que está sobre a terra, dificilmente encontramos o que temos ao alcance da mão. Quem, portanto, pode descobrir o que se passa no céu?

16. E quem conhece vossas intenções, vossa vontade, se vós não lhe tiverdes dado a sabedoria, e enviado do mais alto dos céus vosso Espírito Santo?

17. Assim se tornaram direitas as veredas dos que estão na terra; assim os homens foram instruídos, aprenderam as coisas que vos agradam e pela vossa sabedoria foram salvos...

É através da Sabedoria que a humanidade será salva. A respeito desta Sabedoria, nos é dito "que ela estava à obra desde o começo do mundo"; é por ela que tudo existe.

Esta Presença invisível, intermediária, entre a Origem e tudo aquilo que respira, tomará, como nós já evocamos, formas diferentes segundo as tradições: a Torá para os judeus, o Cristo para os cristãos, o Corão para os muçulmanos; pois é claro que o "instrumento" da salvação, o que nos liberta da angústia da morte, não é o mesmo para uns e outros. O judeu não é salvo nem pelo Cristo nem pelo Corão, mas pela Torá. O cristão não é salvo nem pela Torá (a Lei) nem pelo Corão, mas pelo Cristo. O muçulmano evidentemente não é salvo nem pela Torá nem pelo Cristo, mas pelo Corão, transmitido por Maomé.

Os "instrumentos da salvação" são diferentes, mas é importante sermos salvos juntos, é isso que nos lembra a Sabedoria que está na origem e no fim desses diversos instrumentos de libertação, salvação e misericórdia.

"Deus é santo; não há outro além dele", e é pedido a cada um que seja fiel à imagem única que temos dele; mas "Deus é sábio", Ele pede que cada um acolha sua salvação sob a forma que for a sua (Dharma, Torá, Cristo, Corão e outros), sempre reconhecendo que a saúde e a salvação (é a mesma palavra em grego) é o bem de todos.

Se ser santo é ter o sentido do Outro, ser sábio é ter o gosto do Um. O verbo *sapere*, em latim "saborear", "provar", dará origem à *sapienza*. O sábio é aquele que provou, que saboreou o Um, o Único na diversidade das suas formas.

A humanidade, mais do que nunca, precisa ser habitada pela "santa *Sophia*" que seu Rei Salomão chamava por todos os seus juramentos: discernimento do Um, do Único em tudo e em todos, respeito pelo Outro, presente em todos e em cada um – mas o que mais? O que é ser salvo? Ser salvo da doença? É estar em boa saúde. Ser salvo do infortúnio? É ser feliz. Ser salvo da tristeza? É estar na alegria. Ser salvo do erro e da mentira? É estar na verdade. Ser salvo da morte? É ser ressuscitado. Ser salvo do pecado? É ser perdoado.

Mas o que mais? O que é ser salvo da doença e da morte? É estar consciente da Grande Saúde, da Vida eterna no coração da nossa vida mortal, é "passar" da "vida que eu tenho" e que eu não terei para sempre, à "Vida que eu sou" desde sempre e para sempre.

O que é ser salvo do infortúnio e da tristeza? É estar consciente da Vida bem-aventurada no coração da nossa vida mal-aventurada, é preferir o Bem-aventurado ao mal-aventurado em nós. Você quer ser curado? Você quer ser salvo? Há sempre uma escolha, uma preferência: "Escolha a Vida!"

Escolher ser bem-aventurado: Por que esta escolha deveria ser difícil? Ser e estar vivo não são a vontade, a "inclinação" da vida? Não é este o desígnio da vida? Nós estamos destinados, predestinados dirão alguns, a ser, a estar, a estar bem, a sermos bem-aventurados, a sermos o Bem-aventurado.

Mas, novamente, o que é ser salvo do pecado, do inferno e da danação? É ser salvo da nossa imaginação perversa que imagina que a Vida bem-aventurada não nos quer bem-aventurados (é isso que chamamos de "pecado original": duvidar do benévolo desígnio do Ser). É estar livre das imaginações perversas que nos julgam e nos culpam e destroem em nós toda vontade de viver, de viver bem, de viver de forma bem-aventurada. Ser salvo do inferno da culpa, da danação, da angústia, é imaginar um outro Deus além daquele que os homens perversos e infelizes se servem para nos dominar e nos aterrorizar, é imaginar um Deus que ama e perdoa.

É isso que imaginaram os três grandes fundadores das "religiões da salvação": "YHWH, lento na cólera e pleno de Amor. Ele não nos trata segundo nossas iniquidades".

"Alá, o compassivo, o misericordioso." "*Abba*, pai nosso, que compreende e que perdoa." Ser salvo é ser bem-aventurado. Mas quem quer ser salvo? Quem se preocupa com sua salvação e com a dos seus próximos? Cada um se preocupa em ser o mais forte, em ter razão, em ter a melhor e a única verdadeira religião.

A melhor, a única, a verdadeira religião é aquela que nos salva da doença e da morte, aquela que nos faz amar a Grande Saúde, a Vida que não morre, mais do que nossas doenças e nossas vidas mortais?

A melhor, a única, a verdadeira religião é aquela que nos salva da tristeza e do infortúnio, aquela que nos faz amar a alegria e a felicidade mais do que nossas razões para sermos tristes e infelizes?

A melhor, a única, a verdadeira religião, é aquela que nos salva do medo e das práticas da perversão, da sujeição, da escravidão e da desesperança? Não é essa que nos torna livres e felizes?

É necessário nos colocarmos as perguntas que nos pouparão da dúvida que culpa e assombra a certeza daqueles que acreditam ser os eleitos ou os melhores.

Será que essa religião, essa igreja, essa sociedade me torna mais inteligente, mais vivo, mais amoroso, mais livre? Em uma palavra: mais "feliz", bem feliz, feliz no bem? Se assim for, vocês estão salvos e muitos serão salvos ao seu lado. Senão, ainda é tempo para ir buscar sua salvação em outro lugar – ou de não mais ir buscá-la. Ser, desde agora, feliz, bem feliz para o seu bem-estar e o bem-estar de todos.

Isso não reduz os sofrimentos e os infortúnios do mundo, mas ao menos não acrescenta sofrimento ao sofrimento. Todos conhecem a história desse homem que, em Auschwitz, cuidava dos seus companheiros de infortúnio com simples gestos de humanidade: ele lhes dava um pouco de sopa, secava suas testas com sua camisa. "Eu sobrevivi, dizia ele, porque eu não me preocupei comigo mesmo, havia sofrimento demais a ser aliviado e para não envenenar meu coração e meu espírito (minha imunidade) com o ódio, eu orei pelos nossos carrascos: 'Perdoai-os, eles não sabem o que fazem'. Se eu tivesse acrescentado ódio à minha dor, eu não teria aguentado. Nem sempre

129

é o amor que nos salva, basta a justiça. Eu dei ao meu próximo, amigo ou inimigo, o que eu podia de humanidade e dignidade. É essa humanidade em mim, maior do que eu, que me salvou, é a Sabedoria que me salvou."

As últimas palavras da oração de Salomão, *assim os homens foram instruídos, aprenderam as coisas que vos agradam e pela vossa sabedoria foram salvos* (Sb 9,17), vão ser desenvolvidos ao longo dos capítulos 10 a 19 do Livro de Salomão, no estilo do *midrash*, estilo próprio à tradição hebraica, comentário dos textos relativos à história de Israel desde o início. Literatura sobre a literatura, o *midrash* atribuído a Salomão, sobre o Livro do Gênesis e sobretudo sobre o Êxodo, é uma tentativa de dar sentido à "história santa" dos hebreus, santa, ou seja, conduzida pelo Espírito de YHWH/Deus. A santa *Sophia* que age com Ele, não apenas para "dar à luz" a criação, mas também para dirigir a história dos homens. Mas não se trata de uma teologia da história que observaria a evolução da humanidade, tornando-se cada vez mais espiritual e aproximando-se de uma comunhão eterna, na visão do seu Deus. A história comentada no Livro da Sabedoria não é, propriamente dita, "histórica", apesar de contar fatos e gestos que podem ter sido vividos nesta ou naquela época, e narrarem bem esta ou aquela etapa do desenvolvimento do povo hebreu, sobretudo sua saída do Egito.

A função do texto não é a de informar, mas de formar ou de reformar os contemporâneos do autor e daqueles que virão depois dele e de aceder a uma consciência ética exigente que é a ética da justiça.

A ética, para o autor do Livro da Sabedoria, é realmente a "filosofia primeira", ela exorta e ela adverte. A história de Israel é a história de um julgamento, de uma justiça revelada de maneira mais ou menos abrupta: aqueles que obedecem à Sabedoria de YHWH/Deus são eleitos e são salvos.

Aqueles que lhe resistem, que a esquecem ou se revoltam contra ela, são condenados, e todo o universo, os elementos, o mundo animal e vegetal conspiram contra eles. O estilo deste *midrash* está próximo daqueles encontrados em Qumran. Nós pertencemos ou aos filhos da luz, ou aos filhos das trevas, não há um-entre-dois, há os bons e os maus, os justos e os injustos. O quadro levantado pelo Livro da Sabedoria parece ser branco ou negro, a escolha ética pedida a seu leitor parece ser clara e límpida: escolher Deus e a sua Sabedoria, caso contrário teremos o sofrimento e todos os tipos de torturas físicas e psíquicas enquanto aguardamos a morte.

Mas será tão simples assim? A ética de Israel precisa de um dualismo tão radical? Sua angústia é tão grande que ela tem necessidade de uma interpretação da sua história ou que sua eleição apareça de maneira tão triunfal e o castigo dos seus inimigos seja tão evidente?

Uma tal visão já foi contestada pelo Livro de Jó e o do Qohelet. De fato, a retribuição dos justos e o castigo dos injustos não lhes aparece nem um pouco óbvios, o justo sofre e o crápula prospera – é também o que proclamam alguns Salmos. Tanto uns quanto outros encontram-se no mesmo buraco com os outros animais, indica o Qohelet com lucidez e algum amargor.

Nós vimos que o Livro da Sabedoria foi o primeiro a responder às questões de Jó e ao desespero do Qohelet, afirmando que há realmente uma salvação e uma retribuição para o justo, mas que essas nem sempre se realizam na vida mortal. Segundo as aparências, eles podem aparecer humilhados e castigados entre os pecadores, mas há uma vida mais vasta, uma Vida incorruptível que não morre com a morte do justo: eis ali a sua recompensa, sua essência é à imagem de Deus e nada nem ninguém pode tirar-lhe isso. O Livro da Sabedoria parece ser habitado por um tipo de urgência ética: é preciso absolutamente prevenir a humanidade das consequências dos seus atos e das suas escolhas, pois, eles não decidem apenas pelo seu bem-estar nesta vida, mas pelo seu destino eterno. Não se trata mais de preocupar-se apenas com seu futuro, mas também com sua eternidade.

A Sabedoria é, então, realmente "temor de Deus", "estremecimento em presença de Adonai", dizia Chouraqui, não no sentido de um medo em presença de uma entidade qualquer, mas medo de passar ao largo do Essencial, de "passar ao largo" da sua vida, de desonrar sua essência, mas sobretudo de ferir o amor e a misericórdia que nos convocaram a ser e que nos deram a consciência para que nós nos reconheçamos um com o outro humano, um com toda a criação, um em presença do "Ser que nos faz ser e ser tudo aquilo que é".

"Caminha em minha presença": são as palavras de YHWH/Deus a Abraão; o autor do Livro da Sabedoria se lembra destas palavras. Ser em presença de YHWH/Deus é a Fonte de todos os bens, o esquecimento ou a rejeição desta Presença é a fonte de todos os males; é isso que ele vai tentar ilustrar ao contar a história de Israel. Sete antíteses sobre o destino dos israelitas e dos egípcios. O israelita e o egípcio simbolizam duas atitudes possíveis do coração e do espírito humanos, face ao Um que se dá.

YHWH/Deus, o Ser, é Um, a Realidade é Uma, existe dualidade e duplicidade apenas no olhar e na vida daquele que os provam.

XV – A sabedoria, ou o olhar que "cria" o que Ele vê

A faca entre as mãos do bom cirurgião pode operar milagres; entre as mãos do criminoso, ela "operará" de maneira diferente.

A faca é inocente tanto dos milagres quanto dos crimes.

A mesma água, do mesmo rio, pode refrescar um e afogar o outro; será ela responsável por aquele que nela se atira sem saber nadar?

O mesmo fogo aquece ou consome: chama do amor e chama do inferno, trata-se do mesmo fogo; aquele que consente na queimadura não será queimado da mesma maneira que aquele que a recusa. O fogo não é queimado pelo fogo, aquele que ama não é destruído pelo amor. Aquele que não ama é queimado pelo ciúme, o ódio ou o ressentimento.

É com a mesma energia que carregamos as malas de alguém ou que as roubamos; não devemos acusar a energia.

É desta maneira que podemos falar da inocência da Energia criadora da qual "nos servimos" para servir ou subjugar.

A mesma realidade pode ser utilizada de diversas maneiras; é isso que ilustra o Livro da Sabedoria ao desenvolver sete antinomias ou antíteses sobre o destino dos egípcios e dos israelitas. Lembrando-nos que israelitas e egípcios são duas figuras arquetípicas, duas imagens estruturantes (ou desestruturantes) que estão à obra dentro de cada um de nós. Cada um carrega em si a sombra da sua luz e a luz da sua sombra; saber que os dois são um, duas polaridades ou duas "inclinações" do mesmo ser, pode nos introduzir a uma leitura "não dualista" deste texto e nos convidar à escuta da nossa "boa inclinação" para nos manter justos e retos em sua presença.

Tendo a água do Nilo tornado-se não potável para os egípcios, o autor opõe a ela a água do rochedo que, no deserto, matou a sede dos hebreus (Sb 11,4-14).

A água do Nilo simboliza o movimento da vida que se dá, a graça de Deus que nos refresca e nos fecunda se nós a acolhermos com sinceridade e gratidão. Ela não é potável para aqueles que duvidam e recusam a vida como sendo um dom de Deus, para aqueles que se colocam e se impõem como "criaturas" da sua própria vida, origem do seu próprio sopro.

O coração do "israelita" pode ser por vezes duro e seco como um rochedo, mas se ele reconhecer sua dureza e sua secura, se ele bater na pedra do seu coração com o Nome da misericórdia, a pedra pode se quebrar e tornar-se fonte de águas vivas. Agora ele está mergulhado (*baptizai* em grego) no fogo das suas lágrimas (de arrependimento e de maravilhamento). "Alegria, alegria, lágrimas de alegria", dirá

Pascal no momento em que YHWH/Deus/Amor se revela a ele. As lágrimas pertencem também ao "Dom da ciência", dirá Tomás de Aquino. Há um conhecimento e um reconhecimento do Real infinito, não apenas pelo pensamento, mas também pelas lágrimas. O Nilo não para de correr para aquele que oferece sua terra, não como um dilúvio que arrebata suas crenças, mas como um desvelar calmo e fecundo das suas águas.

Rãs e codornizes

Às rãs que infestam as casas egípcias opõem-se às codornizes que saciam os hebreus no deserto (Sb 16,5-14).

Segundo as tradições antigas, a rã é um animal lunar que corresponde à água ou ao elemento yin. Nos equinócios, a codorniz, pássaro de fogo (yang), transforma-se em rã (yin) para voltar a ser codorniz segundo o ritmo da natureza e da grande Lei da enantiodromia: cada coisa se transforma em seu contrário[29]. O exemplo da rã e da codorniz está sem dúvida ali para nos lembrar que o israelita e o egípcio, se eles permanecem em lados opostos, estrangeiros um ao outro, nem por isso eles são menos "um" e inseparáveis no infinito que os faz existir, um e outro, um com o outro, um no outro.

Cada um é para si mesmo seu inimigo mais próximo e seu amigo mais longínquo. A Vida incessantemente nos dá sede e fome, e incessantemente mata a nossa sede e a nossa fome. Ela nos coloca de maneira alternada no campo dos egípcios e dos israelitas.

Mas podemos ficar em uma interpretação dualista e considerar que esses dois "partidos" são para sempre inconciliáveis. O partido das rãs simbolizará, então, as águas glaucas e a matéria obscura; as codornizes, por sua vez, simbolizarão pássaros vermelhos, frequentemente comparadas à fênix, insígnia do mundo divino e do fogo celeste.

---

29. Cf. CHAVALIER, J. *Dictionnaire des symboles* [Dicionário dos símbolos]. Laffont, 1982.

A codorniz e a rã, a água e o fogo, o israelita e o egípcio, continuarão seus conflitos e suas guerras sem fim.

No entanto, a terra só existe "para" o céu, e com relação a ele e o céu só existe "para" a terra e em relação a ela, o que nós incessantemente quebramos, sem jamais quebrar, é esta relação infinita que mantém unidos os astros, os seres humanos e suas contradições.

Gafanhotos e serpentes

Aos gafanhotos e às mutucas que picavam os egípcios opõem-se, no deserto, a serpente de bronze erguida por Moisés para curar aqueles que foram picados por serpentes venenosas (Sb 16,5-14).

O gafanhoto e a serpente são dois símbolos ambivalentes. Geralmente, os gafanhotos são a própria imagem da praga, da pululação devastadora. O Livro da Sabedoria relembra este aspecto, que encontramos no Êxodo (10,14) e que encontraremos também no Livro do Apocalipse (Ap 1,3), mas sua "pululação" também pode ser considerada como símbolo da fecundidade e da posteridade numerosa. A serpente é mais conhecida pelo seu aspecto maléfico de tentadora (como no Livro do Gênesis) cuja mordida e veneno levam à morte; mas ela é igualmente considerada como símbolo da fecundidade, da vida e da cura (cf. o caduceu dos médicos).

Jesus falará da "sabedoria da serpente" que, para o discípulo, deve caminhar lado a lado com a da pomba. Ele dirá também que o "filho do homem deve ser elevado da terra como a serpente de bronze o foi no deserto e aqueles que olharem para ela serão salvos". O texto do acontecimento evocado por Jesus e por Salomão é relatado no Livro dos Números:

Nm 21,4. Partiram do Monte Hor na direção do Mar Vermelho para contornar a terra de Edom.

5. Mas o povo perdeu a coragem no caminho e começou a murmurar contra Deus e contra Moisés: "Por que, diziam eles, nos tirastes do Egito, para morrermos no deserto onde não há pão nem água? Estamos enfastiados deste miserável alimento".

6. Então o Senhor enviou contra o povo serpentes ardentes, que morderam e mataram muitos.

7. O povo veio a Moisés e disse-lhe: "Pecamos, murmurando contra o Senhor e contra ti. Roga ao Senhor que afaste de nós essas serpentes". Moisés intercedeu pelo povo

8. e o Senhor disse a Moisés: "Faze para ti uma serpente ardente e mete-a sobre um poste. Todo o que for mordido, olhando para ela, será salvo".

9. Moisés fez, pois, uma serpente de bronze e fixou-a sobre um poste. Se alguém era mordido por uma serpente e olhava para a serpente de bronze, conservava a vida!

Dessa vez, o castigo ou a consequência dos seus atos, mais exatamente das suas dúvidas, não vai recair sobre os egípcios, mas sobre os hebreus que têm direito às serpentes venenosas, bem piores do que os "gafanhotos".

Não há dúvida de que, ao contrário dos egípcios, eles reconhecem seus erros e imploram perdão para que cesse o flagelo.

Qual será o remédio que lhes será proposto por YHWH/Deus que faz ser tudo aquilo que é e, portanto, faz ser as serpentes venenosas? Fazer uma imagem sólida desta realidade que os pica, os envenena e os mata, elevá-las sobre um estandarte e olhá-las de frente.

Um simples olhar pode curar a mais terrível mordedura. Como isso é possível?

A sabedoria desses textos é profunda, trata-se de olhar de frente aquilo que nos dá mais medo, aquilo que nos ameaça e nos mata; não ter medo daquilo que nos dá medo é também o símbolo da vida e da fecundidade. A vida e a morte não estão separadas[30]. Nosso medo

---

30. Cf. as duas serpentes enlaçadas em volta do eixo do caduceu. O viver e o morrer são as duas polaridades indissociáveis do existir.

da morte é proporcional ao nosso medo de viver. É preciso olhar de frente o que nos dá medo, aquilo que chamamos de sombra ou mal, tanto no nível físico, como também no nível psíquico; o mesmo se passa no nível espiritual: é preciso olhar de frente aquilo que chamamos de *diabolos* (divisor) ou *shatan* (o obstáculo).

Olhar "a verdade de frente", "aquilo que *é*" em seu aspecto não apenas positivo, mas também negativo, não apenas maravilhoso, mas também aterrorizante. É a via da libertação e da salvação.

Só podemos nos curar daquilo que aceitamos e assumimos. "Tudo aquilo que não é assumido e aceito não pode ser salvo" ou transformado, dizem os Padres do Deserto, grandes conhecedores das serpentes.

Só somos destruídos por aquilo que recalcamos e não olhamos "de frente".

Compreendemos melhor, então, as palavras do Cristo: olhar para Ele, quando Ele é elevado da terra, ou seja, em cruz, é ver que o amor, o dom da vida, é o que mais nos faz chorar. Nós não queremos acreditar que Deus nos ama tanto assim e que, através deste homem de braços abertos, é a graça de YHWH/Deus que se dá. Olhar a cruz é ficar aterrorizado e ser derrubado pelo Amor, é ver o mal e a perversão de frente: o que nós fazemos ao Amor quando o recusamos. A serpente que nos mata é o amor que nós recalcamos, seu veneno é a semente que não queremos compartilhar, a palavra retida, o dom visceral e espiritual de todo nosso ser. Será por acaso que nas antigas línguas semitas, particularmente no caldeu, a língua de Abraão, há apenas uma palavra para dizer "vida" e "serpente"?

Em árabe, a serpente é *el-hayyah* e a vida é *el-hayat*.

El-hay, que é um dos principais nomes divinos, se diz: o Vivente, mais exatamente o Vivificante, o Ser que nos suscita e nos ressuscita.

O Evangelho de Tomé chama Yeshua de "o Vivente". Olhar para Ele, como os hebreus no deserto olharam a serpente, é sempre olhar o Vivente na própria sombra, aquilo que nos ameaça e nos mata, é olhar o Amor de frente, a única Vida que é "mais forte do que a morte".

O raio e o maná

A quarta antítese pode parecer menos clara. De um lado, a geada e o raio que, vindos do céu, destroem as colheitas egípcias, do outro, o maná, pão caído do céu que alimenta os hebreus em seu deserto (Sb 16,15).

O Livro da Sabedoria remete evidentemente aos acontecimentos extraordinários do Êxodo (cap. 16). Podemos ainda desenvolver o *midrash* (inquérito) e interrogarmo-nos da seguinte maneira: se o céu simboliza a essência do Ser e aquilo que dele desce, ou seja, sua energia, o que representam o raio e o maná? O que desce do céu? Qual é esta energia que alimenta uns e destrói as colheitas dos outros?

Em hebraico, a palavra maná, *man hou*, quer dizer "o que é isso?" – é uma pergunta[31].

Aquilo que desce e aquilo que sobe no homem toma uma forma interrogativa que, como o maná, adapta-se ao gosto de cada um[32]; são questionamentos, interrogações que alimentam a "busca". O que desce do céu é tanto apetite quanto alimento, alimento que aprofunda nosso desejo tanto quanto o satisfaz, é assim que avançamos. Essa mesma "energia", "Sabedoria" ou "Verbo" que vem da Fonte inalcançável e incompreensível ou Essência de YHWH/Deus, pode ser usada pelo homem como raio ou geada, como respostas que desferimos e que se impõem, sem nos darmos o tempo para a "busca", o questionamento, a cultura e a colheita.

---

31. Cf. LELOUP, J.-Y. *Deserto, desertos*. Ed. Vozes.

32. Em Ex 16,31, o maná tem o sabor de um *waffle* de mel. No Livro dos Números (11,8), tem o gosto de um bolo feito à base de óleo. Para o Livro da Sabedoria, o maná se adapta a todos os gostos (Sb 16,20-21).

Deus não tem a resposta às nossas questões, ele é a questão às nossas respostas, ele interroga nossos "saberes", científicos, filosóficos e outros. O Real não é isso, e tampouco é aquilo; tudo que tem um gosto tem o gosto do nosso instrumento de percepção.

Está escrito, no Livro do Êxodo, que os hebreus lamentam as cebolas do Egito, pois o maná não tinha gosto. Seu sabor, assim como a sua "forma", permanecem insaciáveis. Também nos é dito que não podemos fazer "reservas", aquilo que quisermos guardar para o amanhã não vai tardar a apodrecer.

A questão deve permanecer viva, fresca, é um pão a ser renovado a cada dia.

Alguns, tanto hoje como ontem, estão em busca de "experiências fortes", eles gostariam de ser "obrigados" a acreditar que a verdade descerá sobre eles como um raio ou como uma geada violenta que deixará as suas marcas sobre a terra, que ela saqueia o trabalho paciente da sua "cultura".

Um Deus cuja palavra seja resposta evidente ao invés de questão que nos esvazia e nos aprofunda.

Quando Jesus diz, na sinagoga de Cafarnaum, "Eu sou o pão vindo do céu, nossos pais receberam o maná e eles estão mortos. O pão que eu vos dou os guardará na vida eterna" (Jo VI) – o que Ele quer dizer com isso?

Que a sua Palavra (*Logos*), sua Sabedoria (*Sophia*), sua Energia (*Pneuma-energia*) não são nem uma resposta nem uma questão; elas são Eucaristia, ou seja, ação de graças, celebração, não mais filosofia positiva e dogmática ou filosofia que questiona e é apofática, mas filocalia que se alegra com "aquilo que é", que celebra e alimenta-se "daquilo que é".

"Aquele que come minha carne e bebe o meu sangue não morrerá jamais"; sua carne, ou seja, seus atos (*praxis*) e o seu sangue, ou seja,

139

sua contemplação (*gnosis*), podem tornar-se nossos e nos transformar, nos "vivificar". "Tomai, comei e bebei."

"Fazei o que Eu fiz, contemplai o que Eu contemplei" e vós vos tornareis o que "Eu sou".

O objetivo é sempre estar ali onde Ele está, um com Ele, voltado para a Fonte (a *arché*, o Pai) no Espírito (*Pneuma, Sophia*).

"O que Eu sou, Eu quero que vós sejais também."

Ao instituir a Eucaristia e a filocalia como modo de conhecimento, Ele fala como se Ele próprio fosse a Sabedoria.

Pr 9,1. A Sabedoria edificou sua casa, talhou sete colunas.

2. Matou seus animais, preparou seu vinho e dispôs a mesa.

3. Enviou servas, para que anunciassem nos pontos mais elevados da cidade:

4. "Quem for simples apresente-se!" Aos insensatos ela disse:

5. Vinde comer o meu pão e beber o vinho que preparei.

As trevas e a luz

"Enquanto as trevas cobriam a terra do faraó, a luz como uma coluna de fogo iluminava os hebreus" (Sb 17,1–18,4).

Essa quinta antítese não pede muitos comentários. O tema, da luz e das trevas, nos é mais familiar. Nós jamais somos totalmente brancos ou negros, dia e noite, nós somos visitados por alternâncias de trevas e luzes até o "dia" em que despertamos para o Infinito que os contém e os transcende; nós entramos, então, neste "obscuro e luminoso silêncio" sobre o qual nos fala Dionísio o teólogo, que é a própria Presença de YHWH/Deus. Coluna de fogo, nuvem no deserto, noite supraluminosa no cume do Sinai: tantas imagens que tentam simbolizar o Infinito Real que nós já evocamos, o Ser que é o que Ele é, e que contém e transcende os contrários.

A morte e a suspensão da morte

Enquanto os hebreus celebravam a Páscoa (*Pessah*), a morte abateu-se sobre os primogênitos dos egípcios; quando, no deserto, ela grassou contra os revoltados, a oração de Aarão os deteve (Sb 18,5-25).

Trata-se aqui de uma antítese? A morte não é sempre a morte, não importa se ela se abater sobre os egípcios ou os israelitas? Quem pode enfrentar o "exterminador"?

O Livro da Sabedoria nos transmite aqui uma informação interessante: o poder da oração pode atrasar ou adiar o inelutável.

Um homem irrepreensível pode interceder por aqueles que têm que suportar a "ira" de YHWH/Deus (a justiça imanente, as consequências dos seus atos).

Trata-se aqui do grande sacerdote Aarão, irmão de Moisés.

Sb 18,21. Porque um homem irrepreensível se apressou a tomar sua defesa, servindo-se de arcanos próprios do seu ministério; a oração e o incenso que apaziguam, ele opôs-se à ira e pôs fim à calamidade, mostrando que era vosso servo.

22. Dominou a revolta, não pela força física, nem pela força e eficácia das armas, mas pela sua palavra deteve aquele que castigava, relembrando-lhe a aliança estabelecida e os juramentos feitos aos nossos pais.

23. Já os mortos se amontoavam uns sobre os outros; quando ele interveio, deteve a cólera e afastou-a dos vivos.

24. Na sua longa vestimenta de ephod *estava representado o universo inteiro; nas quatro fileiras de pedras estavam gravados os nomes gloriosos dos patriarcas; e no diadema de sua cabeça havia vossa majestade.*

25. Diante destas coisas recuou o exterminador; ele teve medo, porque a simples demonstração de vossa ira era suficiente.

A morte recua diante do homem da oração que lembra "Àquele que é" "qual é o seu nome": "Deus dos nossos pais e Senhor de misericórdia", Deus da aliança e não do castigo.

A oração dirige-se àquilo que não morre, àquilo que está além dos espaços e dos tempos transitórios e mortais. No coração da impermanência, a oração mantém o homem ligado ao Infinito e ao Eterno. Essa relação está na fonte da sua força de intercessão e de discernimento.

O impasse e a passagem

O Mar Vermelho engoliu o exército do faraó enquanto eles perseguiam os hebreus à medida que estes o atravessavam com os pés secos (Sb 19,1-9).

A vida é um impasse, uma via "sem saída", sem volta? Ou ela é uma passagem, uma porta, uma janela, uma "páscoa" (*pessah*, em hebraico quer dizer o salto, a passagem, a saída)?

Se existe em nós uma pulsão de morte "fatal" (a morte é o fim de tudo), existe também uma pulsão de morte "pascal" (não morremos, entramos na Vida).

"Passamos para uma outra frequência", dizia Elisabeth Kubler Ross, entramos em uma vida mais vasta, descobrimos a Vida infinita que já estava ali na nossa vida finita.

Talvez devêssemos especificar as diferentes "passagens" ou páscoas" que simbolizam a passagem do Mar Vermelho.

Na Bíblia hebraica, o Mar Vermelho é chamado de *Iâm souph*, "Mar de Junco"; essa denominação é confirmada pelos papiros egípcios do Novo Império (época do êxodo dos hebreus). Os juncos crescem apenas na água doce; trata-se então de pântanos onde as águas doces se misturam às águas salgadas. As grandes bacias conhecidas hoje em dia sob o nome de Lagos Amargos eram outrora alimentadas pela água do Nilo; em seguida, na Idade Média, elas foram separadas do rio. São esses lagos que os hebreus encontraram em seu caminho na saída do Egito. Posteriormente, o nome de *Iâm souph* parece ter sido dado a todos os braços de mar desta região[33].

Na Bíblia de Alexandria, a Septuaginta, que é utilizada pelo autor do Livro da Sabedoria, não se fala de "Mar de Junco", mas de "Mar Vermelho", *thalassan erythran*. A explicação material seria devido à presença de uma alga, *Trichodesnium erythracum*, que dá às águas uma coloração avermelhada[34]. A explicação simbólica remete a *adamah*, o Adão ou o humano, cor da argila vermelha. É este homem, literalmente este "camponês", que deve ser esvaziado de suas "argilas", dos seus pântanos e outras substâncias avermelhadas para que a travessia, a passagem, a páscoa rumo à terra prometida, possa acontecer. Qual é esta "terra prometida"?

Antes de tudo, a terra prometida é *eretz Israel*. A terra da liberdade e a passagem do Mar Vermelho simbolizam, primeiro, a passagem da terra da servidão à terra da autonomia, passagem da escravidão à liberdade, passagem do mundo do egocentrismo (o faraó simboliza o império escravizante do ego) ao mundo "teocentrado" ou mundo do *Self* simbolizado pelo *theos* ou YHWH/Deus.

A passagem do Mar Vermelho pode evocar outras "passagens: a passagem do tempo à eternidade, do finito ao infinito, do relativo ao absoluto. Sendo a eternidade, o infinito e o absoluto a qualidade do Real que nos é prometido, nossa verdadeira "pátria".

---

33. Cf. CHOURAQUI, A. *L'univers de la Bible* [O universo da Bíblia. Tomo VII]. Ed. Lidis-Brepols, 1984, p. 276.

34. Mar Vermelho: essa apelação já estava presente em Heródoto (Histórias, II) ainda está em uso nos nossos dias em língua árabe: *bahar al Ahmar*.

Como essa passagem é possível? É preciso que o Mar Vermelho esteja vazio, que o homem esteja esvaziado de seus miasmas e dos seus pântanos, que ele se encontre "no seco".

Toda passagem, toda páscoa, é uma passagem para o vazio; é preciso que o túmulo seja esvaziado de todos os cadáveres para que haja ressurreição, é preciso que o coração esteja esvaziado de todos os apegos e de toda expectativa para que nele se revele a compaixão infinita.

Os egípcios vão, então, simbolizar todos esses humanos, "submersos" pelo tempo, o finito e todas as "realidades relativas" às quais eles se identificam.

Os hebreus vão simbolizar todos esses humanos nos quais o tempo, o finito e as realidades relativas se "retiram" e só deixam subsistir a pura e seca presença do Ser que é o que Ele é, o Único "Eu Sou", Fonte da sua verdadeira identidade. Eles passaram, então, além, além de tudo aquilo que é mortal, eles passaram da morte à Vida, a liberdade, a vastidão que os ergue (literalmente, "*anastasia*"); eles são as testemunhas de uma ressurreição (*anastasis*) possível.

Poderíamos dizer, como o Evangelho de Felipe, que "eles já ressuscitaram antes de morrer", pois o Eterno transcende mas contém o tempo, da mesma maneira que o Infinito transcende e contém o finito, o Absoluto transcende e contém o relativo. O Ser transcende e contém a existência.

A Páscoa é a entrada nesta nova Consciência que contém todos os estados de consciência, mas não se identifica a nenhum. Consciência esvaziada de todos esses estados de consciência parciais, Consciência pura.

Essa leitura "alexandrina" da história bíblica pode provocar algumas reações violentas. Conhecemos a alergia de alguns exegetas hebreus e cristãos para com as interpretações de um Fílon de Alexandria ou de um Orígenes: é como se eles "esvaziassem" a história de Israel de todo conteúdo "histórico" e concreto. Para eles, essa história

144

concreta é a única história possível, a única realidade, irredutível aos símbolos e às alegorias. É um ponto de vista, uma certa percepção do Real ou uma coisa perceptiva. De fato, não é a percepção dos alexandrinos nem a do autor do Livro da Sabedoria: a própria história só existe relativamente, ela só tem realidade relativa, ela só tem realidade analogicamente, ela própria é símbolo, Epifania. Quando falamos de "História santa", é necessário especificar que não é a história que é santa, mas o Deus santo, o Real através do qual ela pode se tornar presente, mas ela não existe por si mesma. Ler os "textos sagrados" segundo o Espírito que os inspirou e não segundo a letra onde eles foram mais ou menos bem traduzidos, é o próprio exercício da liberdade humana. O homem está condenado a interpretar e ele exerce sua liberdade interpretando os textos que, por sua vez, também são interpretações da história. A história que é ela própria uma interpretação do Espírito, uma manifestação sempre relativa, ambígua, antinômica ou refratária, do Real Absoluto. A interpretação alexandrina do mundo não é a de Jerusalém nem a de Atenas, ela não é nem profetismo nem filosofia, mas sabedoria esquecida, sentido da analogia. Na história do pensamento, a Sabedoria é frequentemente o "terceiro excluído", como Alexandria com relação a Atenas e Jerusalém. A Sabedoria se mantém entre a filosofia e a profecia, entre racionalidade e imaginal; o Egito é a sua pátria. A este respeito, os textos de Nag Hammadi[35] lembram igualmente ao cristianismo a sua sabedoria e seu feminino reprimidos: a gnose, conhecimento contemplativo, "participativo", "conhecimento por conaturalidade", dirá Tomás de Aquino. O alexandrino ou o egípcio não é um visionário como o profeta hebreu, nem um racionalista como o filósofo grego, ele é um sábio como Salomão, impossível classificá-lo, nem filósofo

---

35. Nag Hammadi é uma localidade do Alto Egito. Entre 1945-1946, camponeses lá encontraram papiros fechados em vasos, perto de um antigo mosteiro. Esses papiros são conhecidos pelo nome de "Biblioteca de Nag Hammadi".

nem profeta, e filósofo e profeta ao mesmo tempo, honrado e difamado pelo seu próprio povo.

XVI – Da idolatria à analogia

Antes de Moisés, Akhenaton teria sido o fundador do monoteísmo. Tanto para um quanto para o outro, há apenas um único Deus; todos os outros deuses são falsos, são ídolos, e aqueles que os adoram são ímpios, impuros, inimigos do único verdadeiro Deus. Pressentimos todas as violências que nascerão dessas afirmações e desta nova fé no "único" tomado em um sentido exclusivo: não há outros, ou os outros são deuses maus, "demônios" que é preciso destruir, se não quisermos nós mesmos ser destruídos ou contaminados. É preciso observar que, para Akhenaton, o Deus único é o disco solar, o sol, a luz, a origem de tudo: é o Deus cósmico. Ele não dita a lei, não organiza povo algum, ele brilha sobre toda a terra. Para Moisés, o Deus único é o Deus de Israel, maior do que os deuses das outras nações. Mesmo que progressivamente Ele seja considerado como o criador de tudo aquilo que existe, Ele é, antes de tudo, um Deus político, o Deus da história e o Deus que faz aliança, que une um povo em torno dele. A distinção entre Deus verdadeiro, Deus falso, puro e impuro, levará à distinção entre amigos e inimigos.

São nossos amigos aqueles que adoram o mesmo Deus que nós, o "nosso" é considerado a única realidade última; aqueles que adoram outros deuses e apresentam como realidade última um outro deus que não o Deus de Israel são seus inimigos, idólatras.

O povo santo deve votar-lhes ódio e maldição, não há compromisso possível entre a verdade e o erro, o bem e o mal, o ímpio e o verdadeiro crente. De todas essas dualidades, nascerão todos os tipos de "duelos" e de "guerras santas". Primeiro em Israel, quando este tinha o poder; em seguida no cristianismo, e ainda hoje em dia no

Islã, onde combatemos sempre o "infiel" identificado ao outro mais do que a si mesmo.

O Livro da Sabedoria não é indene a este clima de violência, próprio àqueles que pretendem deter e possuir a verdade e apropriar-se do único verdadeiro Deus.

Todos os capítulos que nós lemos de maneira interiorizada, ou seja, analógica e metafórica, tentam desconectar sua violência integrando o "Terceiro infinito" que contém suas "oposições" sem apagá-las. Os textos lidos, no primeiro grau, segundo a letra, são incitações à violência, ao ódio, ao desprezo e ao anátema, particularmente a respeito das idolatrias. Mesmo no Livro da Sabedoria, "a letra pode matar" se ela não for interpretada.

Sb 14,8. Mas maldito é o ídolo e o idólatra; este porque o formou e esta coisa corruptível por ter sido chamada de deus.

9. Com efeito, YHWH/Deus, "o Ser que é e que faz ser tudo aquilo que é" não tolera o ídolo e o seu idólatra.

10. E a obra sofrerá o mesmo castigo que o autor; os dois serão destruídos.

11. O julgamento divino tocará até mesmo a idolatria das nações, pois os ídolos são aberrações, um escândalo para a alma, uma armadilha sob os pés dos insensatos.

12. A invenção dos ídolos está na origem da prostituição, sua realização é uma corrupção da vida, e sua invenção foi a perda dos humanos.

13. Eles não existiam no princípio e não durarão para sempre;

14. A vaidade e a superficialidade do discernimento dos homens os introduziram no mundo, e é por causa disso que elas podem existir, mas elas não têm futuro.

Sb 15,14. Ora, verdadeiramente, são todos insensatos, mais infortunados que os seres infantis, são os inimigos do vosso povo, esses opressores,

15. porque eles também tiveram por deuses todos os ídolos das nações, que têm olhos e não veem, que têm ouvidos e não ouvem, que têm nariz e não respiram, que têm mãos e não conseguem nada segurar entre seus dedos, que têm pés e não caminham.

16. Foi, com efeito, um homem que os fez, formou-os alguém que recebeu a alma de empréstimo. Nenhum homem pode fazer um ser ou um deus, mesmo semelhante a si próprio,

17. Porque, sendo ele próprio mortal, ele pode produzir apenas a morte; morto é tudo que produz com suas mãos ímpias. De fato, ele vale mais do que os objetos que venera; ele, pelo menos, tem vida, enquanto os ídolos não a têm.

Além disso, o Livro da Sabedoria evocará a misericórdia e a paciência de Deus que ama tudo aquilo que Ele criou. Mas numerosos são os versículos onde o autor não deixa de ser sarcástico e de demonstrar desprezo pelos ídolos e os idólatras, devotando-os à ignomínia e às consequências dos seus atos: "eles perecerão por onde eles tenham pecado"; a justiça imanente é sem recursos.

Aliás, ele se mostra mais filósofo, ele tenta compreender as raízes da idolatria: a falta de inteligência e sabedoria, a falta de sentido da analogia.

Sb 13,1. São vãos e insensatos todos os homens que se comprazem da sua ignorância e recusam-se a conhecer YHWH/Deus. Eles não reconhecem a partir das realidades visíveis a presença invisível que as faz ser. Eles observam as obras sem considerar o artesão.

2. Eles adoram o fogo, o vento, o ar agitável, a esfera estrelada, a água impetuosa e os astros, eles fazem desses elementos deuses que governam o curso do mundo.

3. Se são seduzidos pela beleza dos seres e tomaram essas coisas por deuses, encantados pela sua beleza, saibam, então, quanto seu Senhor prevalece sobre elas, porque é o criador da beleza que fez estas coisas.

4. Se o que os impressionou é a sua força e o seu poder, que eles compreendam, por meio da força e da energia, o poder que está em sua origem.

5. Pois é a partir da grandeza e da beleza das criaturas que, por analogia, se conhece o Ser que as faz ser.

Este texto terá uma grande influência na Tradição cristã, primeiro entre São Paulo.

Rm 1,18. A ira de Deus se manifesta do alto do céu contra toda a impiedade e perversidade dos homens, que pela injustiça aprisionam a verdade.

19. Porquanto o que se pode conhecer de Deus eles o leem em si mesmos, pois Deus lho revelou com evidência.

20. Desde a criação do mundo, as perfeições invisíveis de Deus, o seu sempiterno poder e divindade, se tornam visíveis à inteligência, por suas obras; de modo que não se podem escusar.

21. Porque, conhecendo a Deus, não o glorificaram como Deus, nem lhe deram graças. Pelo contrário, extraviaram-se em seus vãos pensamentos, e se lhes obscureceu o coração insensato.

22. Pretendendo-se sábios, tornaram-se estultos.

23. Mudaram a majestade de Deus incorruptível em representações e figuras de homem corruptível, de aves, quadrúpedes e répteis.

24. Por isso, Deus os entregou aos desejos dos seus corações, à imundície, de modo que desonraram entre si os próprios corpos.

25. Trocaram a verdade de Deus pela mentira e adoraram e serviram à criatura em vez de ao Criador, que é bendito pelos séculos. Amém!

Paulo emprega os mesmos termos que o Livro da Sabedoria para evocar a justiça imanente que ameaça as idolatrias: "a ira de Deus", e ele insiste sobre o caráter "indesculpável" da recusa de Deus que se deixa contemplar através das suas obras. Podemos conhecê-lo tão bem através da razão quanto através da fé, e Paulo estabelece um vínculo que para ele é óbvio: o esquecimento ou a recusa do Deus cósmico conduz ao esquecimento do Deus ético. Não reconhecer Deus na criação, é também não mais reconhecê-lo no homem e, neste momento, será possível reduzi-lo ao *status* de objeto sem valor, pó e cinzas que não possui em si nenhum sinal do Deus vivo.

Sempre é atual relembrar as consequências éticas do esquecimento de Deus e da sua presença em tudo e em todos, que faz de todo ser um ser santo e sagrado, seja a terra ou um ser humano.

Se esquecermos o caráter santo e sagrado de tudo, corremos o risco de tudo "profanar", de tudo reduzir ao estado de mercadoria, matéria a ser oferecida em holocausto ao único deus que resta, Moloque ou o ego faraônico da vontade de poder e consumo.

A afirmação do conhecimento de Deus por analogia é frequente entre os antigos, tanto ao Oriente quanto ao Ocidente do cristianismo.

> A magnificência de Deus é manifestada em cada uma das suas obras, em cada um dos seus efeitos (Jerônimo, 347-420).

> A criação inteira o proclama (João Crisóstomo, † 407).

> Em nós nada é determinado, nem amadurecido, nem desenvolvido por si mesmo, mas tudo aquilo que em nós é visível e inteligível depende do poder incompreensível do Alto (Gregório de Nissa, † 394).

> As obras admiráveis da criação visível são os vestígios da nossa criação. Nós ainda não podemos vê-lo, mas já podemos nos inclinar para a sua visão, se nós o admirarmos através do que Ele fez [...]. Ao seguirmos o que existe por Ele, nós caminharemos para Ele (Gregório o Grande, 540-604).

Mas

> O Demiurgo não nos mostra a criação para que nós a adoremos (Cirilo de Alexandria, † 444).

> As intempéries e as catástrofes nos impedem de deificar a terra: em vista de tal fraqueza, os homens sãos de espírito recusam-se a adorar a terra como uma divindade, mas por ele e pelos seres que ali vivem, eles são guiados para o Criador de uns e de outros e são conduzidos pelas coisas visíveis rumo ao Invisível (Teodoreto de Ciro, 393-466).

Assim, nada de criado ou manifestado é Deus, mas tudo nos faz conhecê-lo. Podemos seguir o caminho "análogo" (*ana*, "para o alto", *logie*, "pensamento que se eleva") ao invés do caminho "catálogo" (*kata*, "para baixo", *logie*, "pensamento baixo") que sem dúvida "classifica", mas também "separa" e que por vezes quebra o vínculo que liga cada coisa às outras e à sua Fonte comum.

Assim, para Atanásio de Alexandria, "ao observarmos o céu e ao vermos sua ordem, sua beleza e a luz dos astros, é possível fazermos uma ideia do *Logos* que é o autor desta ordem". Gregório o Grande aponta para o fato de que, se as realidades visíveis podem nos fazer cair (*kata*) na idolatria e na possessividade, elas podem também nos elevar (*ana*) em direção ao último. Tudo está na nossa maneira de olhar e de interpretar aquilo que é.

"Já que caímos quando nos afastamos das realidades invisíveis, por amor às coisas visíveis, é justo que nos voltemos novamente para as realidades invisíveis, através das próprias coisas visíveis; assim, o que causou nossa queda em direção ao abismo torna-se um caminho em direção aos cumes."

Simeão o Novo Teólogo (949-1022) nos convida a contemplarmos as belezas visíveis sem nos apegarmos a elas. O apego é a causa da nossa perda, ele detém o movimento da inteligência que por analogia se eleva, de ser em ser, de beleza em beleza, em direção ao Ser e à Beleza primeira, para o Infinito que está além do próprio ser e da beleza. A Idade Média latina desenvolverá o sentido da analogia do Ser, particularmente via o estudo dos Nomes divinos. Cada realidade, em seu nível, expressa uma qualidade divina, ela é um reflexo da sua beleza, da sua inteligência, do seu amor; graus diversos de intensidade ou de proximidade daquilo que permanece inefável.

Teologia positiva e teologia negativa (*apófase*) não devem ser colocadas em lados opostos[36]. São Tomé dirá: "De Deus podemos dizer que Ele é, não podemos dizer o que Ele é".

A analogia supõe uma certa identificação de Deus ao Ser, ao Ser primeiro, supremo Ente; corremos o risco, então, de esquecer que Deus está também além do Ser, o que não nos permitiria idolatrar a mais sublime e familiar representação de Deus, "o Ser que é e que faz ser tudo aquilo que é".

Para Mestre Eckhart, só há ser em Deus, não há outro Ser além de Deus, não há outra realidade além do Real.

A criatura é o sinal de Deus, podemos falar então, junto com Ele, de "causalidade analógica". Deus é criador e "doador do ser", portanto a criatura é (se ela é relativa, ela não é apenas ilusória ou ilusória com relação ao Real que a fundamenta e que sozinho é), mas o seu ser, que não está enraizado em si mesmo, leva ao "ser" de Deus e é apenas o seu sinal, o sinal ou o sintoma, a manifestação ou a teofania.

Também poderíamos falar de um "Deus mineral", a matéria sendo o sinal, sintoma, manifestação, do "Ser que é"; de um Deus vegetal, Deus vivente; de um Deus animal, Deus sensível; de um Deus humano, Deus racional; Deus consciente, Deus ético; Deus coletivo, Deus intuitivo; Deus *intellectus* (*agens*). Este Deus humano ocupa, evidentemente, muito lugar entre os seres humanos.

Mas também podemos falar de um Deus angélico – Ser imaginal, arquetípico. De um Deus cósmico – Ser da natureza, a interdepen-

---

36. Cf. LELOUP, J.-Y. *Um obscuro e luminoso silêncio, a teologia mística de Dioniso o Areopagita*. Ed. Vozes.

dência de todas as coisas. De um Deus criador, Ser primeiro, Ser princípio, Fonte. De um Deus que é o que Ele é, Ser puro, YHWH.

Mas não devemos nos esquecer do "passo além" da meontologia: o sobre-ser, o além de Deus que torna Deus possível; *posse* mais do que *esse*[37], a essência do ser, o dom, aquilo que precede o Ser, o que dá o Ser e o torna possível.

Perder o sentido da analogia é perder o sentido de tudo aquilo que liga os seres entre si e os liga ao Ser que os faz ser. É situar-se fora da Relação infinita na qual tudo existe. A consequência deste "esquecimento" é o nascimento da idolatria.

Cada nível de realidade, cortado da sua relação com os outros e com a sua fonte, acede a uma forma de autonomia ilusória. Não vemos mais na matéria o sinal de Deus, de uma teofania, mas apenas a matéria; adoramos o ser mineral como um ser em si, autossuficiente.

O mesmo acontece com uma árvore, essa árvore torna-se "tudo"; assim como com um animal ou um homem divinizado, trata-se sempre de uma relativização do Absoluto e de uma absolutização do relativo.

O olhar é interrompido pelo ser finito e não vê mais o Infinito, sua beleza ou a sua coerência; torna-se cego, apesar da sua função ser a de abrir os nossos olhos. Nós nos deixamos cegar por aquilo que acreditamos poder "possuir", é esta vontade de "captura" que tenta nos dar a certeza que talvez nos prive do Infinito, daquilo que sempre

---

37. Para que haja o Ser é preciso que este Ser seja possível, que ele seja dado. Antes de ser – *Esse* – há a possibilidade de ser – *Posse*, a doação do ser. O "talvez", o "pode ser" precede o ser, o *Esse*. Dizer que Deus é um "pode ser", um "talvez" é dizer que o Amor, o Ágape precede o Ser, o *Esse*. Essa metaontologia responde à ontoteologia criticada por Heidegger e os fenomenologistas contemporâneos. A ontoteologia faz de Deus, o Ser que é, causa de tudo, ou seja, Deus precede toda causalidade. Ele é liberdade e graça antes de estar na fonte de um encadeamento de causalidades. Esse é também o tema da teologia apofática de Dioniso o Areopagita.

permanece inalcançável e incompreensível e que assim guarda nosso coração, a inteligência e os sentidos no "aberto".

Só existe infinito no Infinito. A partir do momento em que fazemos de um ser finito, ou seja, de um ser "conceitualizável", "representável", um infinito, existe idolatria. Essa idolatria pode ser a do Ser primeiro, do deus criador, do qual fazemos o "Deus único". Isso pode ser a idolatria do cosmos, da natureza, da qual fazemos o "Tudo", a "Totalidade", mas não passa de um ídolo, um conceito, uma imagem do infinito que está além de todo conceito e de toda imagem.

Um ser finito só pode ter representações finitas do Infinito, como um ser humano só pode ter representações humanas de Deus. Tomar essas representações pelo Real é idolatria e daí temos a injunção do Cristo: *Metanoietê*! Vão além (*meta*) do pensável (*noietê*), do representável. O Deus dos seus pensamentos ou da sua afetividade ou da sua sensibilidade (a experiência) não é o Deus real, mas a sua representação humana, o seu ídolo.

A idolatria mais frequente é a do homem pelo homem ou a idolatria de um dos elementos do composto humano, o intelecto, a razão, o psiquismo.

Idolatria do consciente ou do inconsciente, idolatria da libido, cada um desses elementos pode ser considerado como "o todo" do homem, daí podermos achar que é possível tirar um sistema de explicação do "seu" mundo que seja coerente e suficiente.

Em seguida temos os degraus mais vulgares de idolatria: a idolatria das posses materiais. O deus é, então, um deus mineral, ouro ou dinheiro, ou um "território" que é uma forma de idolatria da terra.

Mas não deveríamos nos esquecer dos ídolos mais sutis, o da "nação", do "povo" ao qual pertencemos. O deus político, que nos faz idolatrar a ética ou as leis como sendo a "única" maneira de organizar o viver-juntos e habitar o universo. Este deus humano, muito humano, é certamente necessário à vida em sociedade, que não é a mesma vida que a vida na selva que tem outras leis. As leis da natureza e as leis humanas não são, felizmente, as mesmas; as razões do instinto e as razões do mais forte não são as razões da inteligência e do coração, os tsunamis não possuem consciência moral.

No entanto, esse deus ético ou coletivo não é o Deus absoluto e infinito (que de resto não é mais um deus, já que não há mais palavras para falar sobre Ele ou para pensar nele).

As idolatrias mencionadas no Livro da Sabedoria são sem dúvida menos sutis, elas adoram as representações vegetais, animais ou humanas do ser (um filho morto). As idolatrias adoram "as obras das suas mãos"; é como se disséssemos que o seu olhar é interrompido por aquilo que ele vê, assim como a inteligência dos nossos contemporâneos pode ser parada por aquilo que eles sabem e sua afetividade detida por aquilo que eles amam e aquilo que eles desejam. Sair deste clima de "idolatria" é reencontrar o sentido da analogia: nada é o Ser, tudo é sintoma, sinal do Ser.

Tudo é teofania, manifestação de Deus, mas nada é Deus enquanto Deus, nada é o infinito, tudo é participação ao infinito.

Trata-se de descobrirmos em nós um olhar aberto ao Invisível no visível. Uma inteligência aberta àquilo que está além de todo pensamento, no inteligível. Uma afetividade aberta ao incompreensível e ao inalcançável no coração de todo enlace, de toda relação, uma intuição aberta ao Infinito em todo ser finito, ao Absoluto em todo ser relativo.

É considerar todas as formas de matéria, de pensamentos, de afeições, de comportamentos como "contrações" da Consciência, una e infinita.

A consciência aberta e descontraída, livre de todas as atrações, repulsas e indiferenças, vê todas as coisas no seu lugar no infinito e "ela vê" (é a Sabedoria que fala) "que isto é Belo" (cf. Gn 1); mais do que Belo (pois a beleza chama ainda um contrário), simplesmente isso "é", é "assim".

XVII – Sabedoria e justiça, misericórdia e castigo

O "Ser que é o que ele é", YHWH/Deus, revela-se no Livro da Sabedoria, mas não apenas como Origem e Criador de todas as coisas. Ele é também o Deus cósmico de Akhenaton, de Moisés e dos autores do Livro do Gênesis e não apenas como fonte de ordem e de justiça no universo e entre os homens, justiça da qual ninguém escapa, encadeamento de causas e efeitos inelutáveis. Deus ético de Moisés, dos juízes e mais tarde dos grandes sacerdotes e dos fariseus, ele é também o Deus cheio de graça e misericórdia dos profetas.

"YHWH/Deus é um Deus de ternura (*rahum*) e de graça (*hanun*), lento na ira e abundante em misericórdia (*hesed*) e fidelidade (*emet*) até a milionésima geração, suportando faltas, transgressão e pecado, mas sem inocentá-los, punindo a falta [...] até a terceira e a quarta gerações" (Ex 34,6).

A misericórdia não apaga a justiça, nós devemos assumir as consequências dos nossos atos, mas nós não estamos "fechados" em suas consequências. A misericórdia nos guarda no "aberto", na abertura a uma salvação (*soteria*), a uma saúde possível.

A misericórdia persiste até a milionésima geração, ou seja, ela é infinita, se as faltas se prolongarem além de nós mesmos, elas não vão mais longe do que a quarta geração. Isso nos lembra, de passagem, que nós somos responsáveis pelo futuro de nossos filhos e do universo.

Não há atos ruins que não deixam marcas, mas sua marca é menor do que os atos de bondade e de justiça.

O Livro da Sabedoria nos revela a misericórdia como sendo o segredo de YHWH/Deus, aquilo que está escondido no próprio fundo do seu poder e da sua força.

Sb 11,21. Vosso poder imenso está sempre à vossa disposição, e quem poderá resistir à força de vosso braço?

22. O mundo inteiro está em Vós, este "quase nada" que faz pender a balança, como uma gota de orvalho, que desce de madrugada sobre a terra.

23. Mas Vós tendes compaixão de todos, porque Vós podeis tudo; fechais os olhos aos pecados dos homens para que eles voltem a Vós.

24. Vós amais todos os seres, nada vos desgosta de tudo o que fizestes.

25. Sem Vós: nada. Como poderia subsistir a mínima coisa, se não o tivésseis querido, e conservar a existência, se por vós não tivesse sido chamada?

26. Vós protegeis todas as coisas, porque todas as coisas são vossas, Vós, Mestre que ama a vida.

YHWH/Deus é o Deus vivo e Ele ama a vida, "Ele não sente prazer na morte do pecador, Ele quer que ele viva".

"É a misericórdia que eu desejo e não o sacrifício."

"O eu-não-sei-o-quê, esse quase-nada" que é o homem e o universo é inteiramente sustentado na graça que o faz ser e YHWH/Deus não considera nada de ruim nele; no entanto, o homem é capaz de recusar essa graça assim como ele é capaz de acolher livremente e de conformar seus atos à sua bondade.

Essa liberdade do homem, essa "gota de orvalho", que pode fazer a balança pender, permanece misteriosa, mas ela é a própria condição para que a relação do homem com o seu princípio não seja apenas uma relação de causa e efeito, uma fatalidade, um determinismo, mas uma relação de aliança, uma relação simbolizada pela relação filial da criança ao seu pai ou à sua mãe:

"Efraim será então para mim um filho tão querido, um filho realmente preferido, para que, após cada uma das minhas ameaças, eu deva sempre pensar nele, que minhas entranhas comovam-se por Ele, que por Ele transborde minha ternura?" (Jr 31,20. Cf. Is 49,14; 54,7).

A força e a grandeza ou simplesmente a maturidade de um pai ou de uma mãe para com seus filhos é a paciência. É desta maneira que o Livro da Sabedoria imagina a paciência do Real para com aqueles que o recusam. O objetivo é que eles descubram por si mesmos os impasses onde os conduzem seus atos e que eles voltem ao seu coração, ou à razão, forma inferior sem dúvida de sabedoria, mas sempre necessária.

Sb 12,1. Vosso Espírito incorruptível está em tudo aquilo que fazes existir.

2. Assim é com brandura que trazes a Vós aqueles que vos esqueceram, e os advertis mostrando-lhes em que pecam, a fim de que renunciem à ilusão e creiam em Vós, Senhor, "o Ser que é e que faz ser tudo aquilo que é".

Em seguida, o Livro da Sabedoria dá exemplos extremos de vícios e perversões que incluem o assassinato de uma criança. A esses também são oferecidos, além da justiça, sua paciência e sua misericórdia e é novamente o sinal do seu poder, "Ele é Deus e não um homem", Ele é o infinito e não o ser finito. Se há uma justiça dos homens, há também uma justiça de Deus, esta é mais orientada à misericórdia do que ao castigo. "Se Deus não fosse misericórdia, quem poderia ser salvo?"

Sb 12,3. Foi assim que se deu com os antigos habitantes da Terra Santa.

4. Tínheis aversão deles por causa de suas obras detestáveis, atos de feitiçaria e seus ritos ímpios,

5. Esses impiedosos matadores de crianças, comedores de festins de entranhas, carne humana e sangue, membros de confrarias para iniciações nos mistérios orgíacos,

6. Esses pais assassinos de crianças indefesas, Vós queríeis aniquilá-los pela mão de nossos pais,

7. Para que esta terra, abençoada entre todas, recebesse uma digna linhagem de filhos de Deus.

8. Contudo, mesmo os ímpios, Vós os poupastes porque também eles eram homens, enviando-lhes vespas precursoras de vosso exército, para que elas os exterminassem pouco a pouco.

9. Poderíeis ter entregue os ímpios às mãos dos justos em uma única batalha, ou aniquilá-los de um único golpe por meio de bestas ferozes ou de vossa palavra cortante.

10. Mas exercendo progressivamente vossa justiça, castigando-os pouco a pouco, dáveis tempo para o arrependimento, não ignorando seu vício e perversidade. Essa mentalidade que se recusa à transformação, e que jamais seus pensamentos se mudariam,

11. porque sua estirpe era má desde a origem... Não era por temor do que quer que fosse que vos mostráveis indulgente para com eles em seus pecados.

12. Porque, quem ousará dizer-vos: "Que fizeste Tu?" E quem se oporá a vosso julgamento? Quem vos repreenderá de terdes aniquilado nações que criastes? Ou quem se levantará contra Vós para defender os criminosos?

13. Não há, fora de Vós, um Deus que se ocupa de tudo, e a quem deveis mostrar que nada é injusto em vosso julgamento;

14. Nem um rei, nem um soberano que vos possa resistir em favor dos que castigastes.

A justiça está sempre aqui, mas é a justiça extrema, justiça divina que é misericórdia.

"Tudo dominar (lhe) faz tudo poupar." A revelação da misericórdia no coração do Todo-poderoso deveria ter um efeito sobre o comportamento dos justos, se eles forem realmente feitos "à imagem e semelhança de Deus", se eles participarem realmente do seu ser, da sua vida, poderíamos dizer, da sua "essência": "O justo deve amar os homens".

Após a falta é possível arrepender-se.

"Tu nos educas quando Tu corriges nossos inimigos com medida para que pensemos em tua bondade", quando nós julgamos e quando somos julgados, nós nos lembramos da tua misericórdia.

Sb 12,15. Mas porque sois justo, governais com toda a justiça, e julgais indigno de vosso poder condenar quem não merece ser punido.

16. Porque vossa força é vossa justiça. O fato de serdes Senhor de todos, torna-vos indulgente para com todos.

17. Mostrais vossa força aos que não creem no vosso poder, e confundis os que a não conhecem e ousam afrontá-la.

18. Senhor de vossa força, julgais com serenidade e bondade. Vós nos governais com grande indulgência, porque sempre vos é possível empregar vosso poder, basta para isso quereres.

19. Agindo desta maneira, mostrastes a vosso povo que o justo deve amar os homens, e inspirastes a vossos filhos a boa esperança de que, após o pecado, lhes dareis tempo para a penitência;

20. Porque se punistes os inimigos de vossos filhos, prometidos à morte, Vós os haveis castigado com tanta atenção e indulgência, dando-lhes tempo e ocasião para renunciarem à sua perversidade,

21. Com quanto cuidado não julgareis Vós os vossos filhos, a cujos antepassados concedestes com juramento vossa aliança, repleta de ricas promessas!

22. Portanto, Vós nos educais quando corrigis mil vezes mais nossos inimigos para que possamos pensar em vossa bondade quando julgamos e quando somos julgados para assim nos lembrarmos de vossa misericórdia.

Essas poucas linhas anunciam o Evangelho e as epístolas: "Deus fechou todos os homens na desobediência, para fazer misericórdia a todos" (Rm 11,32).

Yeshua encarnará o Nome divino, essa perfeição divina que é a misericórdia, e Ele convidará seus discípulos a fazerem o mesmo, "a não julgarem para não serem julgados" e a se manterem próximos, não apenas dos pobres e dos desafortunados, mas também dos pecadores e dos ímpios que, mais do que todos os outros, têm necessidade da misericórdia de Deus, se eles não quiserem fechar-se nas consequências fatais dos seus atos.

Ao "sede perfeitos como meu Pai celeste é perfeito" de Mateus, Lucas complementa com a definição: "sede misericordiosos como vosso Pai celeste é misericordioso" (Lc 6,36).

Não há perfeição e justiça verdadeiras sem misericórdia, da mesma maneira como não há misericórdia que não exija justiça e perfeição. Na Sabedoria, rigor e ternura se beijam. O Deus cósmico, o Deus ético e o Deus de misericórdia são um único e mesmo Deus. A Sabedoria é o vínculo; nela, Verdade, Vida e Amor fazem apenas um.

"Eu sou" a Verdade, a Vida e o Amor, dirá Aquele que revela e encarna, para os cristãos, as profundezas da Sabedoria e do Amor de Deus "que ultrapassam todo conhecimento".

O menor gesto de amor é maior do que a maior das catedrais, ele é simples presença, pura epifania do Deus oculto (*Deus abscon-*

ditus), "Luz do Cristo", da qual Salomão será considerado o precursor. Como a flor anuncia o fruto, como a mesa posta pela Sabedoria anuncia a alegria, "comei, amigos, bebei, embriagai-vos, meus bem-amados" (Ct 5,1).

A sabedoria da lucidez (Qohelet) anuncia a sabedoria da justiça e da contemplação. A sabedoria da justiça e da contemplação anuncia a sabedoria do amor (Cântico dos cânticos).

Terceira parte
Livro dos Provérbios e prólogo de São João

O Livro dos Provérbios

O chamado da Sabedoria

Pr 1,20. A Sabedoria clama nas ruas, eleva sua voz na praça, ao longo das avenidas, ela faz com que sua voz seja escutada,

21. mais forte do que todos os ruídos, à entrada das portas da cidade, ela anuncia:

22. "Até quando, ignorantes, vós amareis a ignorância?

Até quando os insolentes se comprazerão na insolência? Até quando os idiotas zombarão do discernimento?

Até quando, insensatos, amareis a tolice e os tolos odiarão a ciência?

23. Convertei-vos ao meu ensinamento,

espalharei sobre vós o meu Espírito (Sopro)

e compartilharei convosco meu conhecimento".

Sabedoria, tesouro oculto

Pr 2,1. Meu filho,

se acolheres minhas palavras

e guardares com carinho meus preceitos,
se meus ensinamentos são para ti um tesouro,

2. se teu ouvido escuta com atenção a Sabedoria
e teu coração se abre ao discernimento,

3. se tu apelares à inteligência,
se buscares a razão,

4. se tu a desejas como a riqueza,
se tu cavas a terra
para descobri-la como um tesouro,

5. então provarás a presença de YHWH,
"o Ser que é e faz ser tudo aquilo que é",
tu poderás conhecê-lo,

6. porque é o Ser soberano que dá a sabedoria,
da sua boca procede o discernimento. [...]

10. Sim, a sabedoria virá em teu coração,
o conhecimento fará tuas delícias
e o saber deleitará a tua alma,

11. o discernimento te preservará.

Sabedoria, presença viva de YHWH/Deus

Pr 3,1. Meu filho,
não te esqueças do meu ensinamento
e guarda minhas palavras em teu coração.

2. Elas acrescentam vida à tua vida,
e grande paz.

3. Que a fidelidade e a integridade não se afastem de ti!
Ata-as ao teu pescoço,
grava-as sobre a "tábua" em teu coração.

4. Assim obterás graça e reputação
diante de YHWH e diante dos homens.

5. Abandona-te
ao Ser soberano de todo teu coração
e não confia em tua própria inteligência.

6. Sejam quais forem os teus caminhos, aprende a reconhecê-lo,
Ele te dirigirá.

7. Não sejas sábio aos teus próprios olhos, prova a presença viva
de YHWH/Deus, Ele que faz ser tudo aquilo que é. Tu te afasta-
rás do infortúnio.

8. Ele será um remédio para o teu corpo,
um refrigério para os teus membros.

9. Agradece YHWH/Deus por todos os bens que Ele te deu,
oferece-lhe as primícias das tuas colheitas.

10. Então, teus celeiros se abarrotarão de trigo
e os lagares transbordarão de vinho.

11. Meu filho,
não rejeita a educação da Vida soberana,
assim como um pai educa o seu filho querido,
ela corrige aqueles que ela ama.

Sabedoria, árvore da vida

Pr 3,13. Bem-aventurado aquele que acolheu a Sabedoria
e exerceu o discernimento e adquiriu a inteligência;

14. Mais vale este lucro do que ter riquezas,
seu benefício é maior do que o do ouro.

15. Ela é mais preciosa do que a pérola mais preciosa,
joia alguma a pode igualar,
ela sempre será mais do que tudo que podemos desejar.

16. Na mão direita ela sustenta uma longa vida;
na esquerda, riqueza e glória, abundância e brilho.

17. Seus caminhos estão semeados de delícias,
suas veredas são pacíficas.

18. Para aqueles que fazem apenas um com ela,
ela é a árvore da vida.
Quem a ela se apega é um homem feliz.
Bem-aventurados, em marcha, eles permanecem.

19. Foi sobre a Sabedoria que YHWH/Deus criou a terra,
no conhecimento, Ele ancorou o céu.

Sabedoria de antes da criação

Pr 8,22. YHWH/Deus, "o Ser que é e que faz ser tudo aquilo que é", me engendrou, antes de todo ato, como primícias de suas obras, desde o princípio, antes do começo da terra.

23. Sou abençoada desde a eternidade,
precedendo toda existência à origem da terra.

24. Ainda não havia abismo quando fui concebida
e ainda as fontes das águas não tinham brotado;

25. antes que se formassem as montanhas,
as vertentes das colinas,
eu fui engendrada,

26. antes do céu e da terra
e do pó dos mundos.

27. Quando Ele preparava o espaço,
ali eu estava, "Eu sou"
quando Ele traçou um círculo
em face do abismo[38].

---

38. *Quando ele inscreve um limite, uma forma no infinito.*

28. Quando Ele engrossou as nuvens do alto,
quando Ele fez jorrar as fontes do abismo,

29. quando Ele impôs regras ao oceano,
para que as águas não transpusessem os limites,
quando Ele estabeleceu os fundamentos da terra,

30. eu fui, eu sou, o arquiteto ao seu lado,
objeto das suas delícias a cada dia,
gozando da sua presença todo o tempo,

31. brincando e desfrutando de seu universo
e tendo prazer entre os humanos.

A casa da Sabedoria

Pr 9,1. A Sabedoria edificou sua casa,
talhou suas sete colunas[39].

2. Ela colocou a mesa,
misturou vinho ao seu alimento.

3. Enviou servas
para que anunciassem nos pontos mais elevados da cidade:

4. "Quem for simples, apresente-se!"
àqueles que têm o coração turvo, ela diz:

5. "Vinde, comei o meu pão,
bebei o vinho que preparei para vós.

6. Deixai a ignorância e vivereis;
vós andareis direito nas vias do conhecimento".

---

39. Cf. Os sete dons do Espírito (Is 11): sabedoria (*hokhmah, sophia, sapientia*), inteligência (*binah, sunesis, intellectus*), conselho (*etsahm boule, consilium*), força (*geburah, iskhus, fortitudo*), ciência (*da'ath, episteme, gnosis, scientia*), piedade (*n'ah, eusebia, pietas*), temor de Deus (*n'ah, phobos theou, timor domini*).

São João e a Sabedoria

Seria interessante mostrarmos como o Evangelista João, o *theologos*, o "teólogo", como o chamam os cristãos ortodoxos, alimentou-se e inspirou-se destes textos e do Livro da Sabedoria. Isso mostra novamente que este livro é realmente o livro que faz a articulação entre o Primeiro e o Segundo testamentos, a aliança discreta e não secreta entre o pensamento semita e o pensamento grego, julgado impossível por aqueles que querem ignorar a Bíblia de Alexandria. A sabedoria de um Egito ao mesmo tempo grego e judeu que tampouco renega seus próprios "escribas".

Se substituíssemos a palavra *Sophia* pela palavra *Logos* (*Sophia* seria a tradução das palavras hebraicas *hokhmah* e *shekina*), não mudaríamos nada no sentido do texto de João.

Isso lhe daria sem dúvida um sabor um pouco mais feminino, um eco, talvez, da mulher e da mãe, *Theotokos* que foi, por pedido do seu Mestre, o filho e o guardião. Através dela, João recebeu a *Sophia*, a sabedoria de Salomão como herança.

Prólogo de São João

1. No princípio era a Sabedoria.
A Sabedoria estava voltada para YHWH/Deus.
A Sabedoria é Deus.

2. Ela estava no princípio junto com Deus.

3. Tudo foi feito por Ela,
sem Ela, nada.

4. De todo ser, Ela é a vida.
A vida é a luz dos homens.

5. A luz resplandece nas trevas
e as trevas não podem apagá-la.

6. Surge um homem enviado por Deus
Iohanan é o seu nome.

7. Ele veio como testemunha,
para dar testemunho da luz
a fim de que todos unam-se a ela com ele.

8. Ele não é a luz,
mas veio para dar testemunho da luz.

9. A Sabedoria é a luz verdadeira
que ilumina todo homem.

10. Ela está no mundo,
o mundo existe por Ela,
o mundo não a conhece.

11. Ela veio para os seus,
mas os seus não a recebem.

12. Mas a todos aqueles que a receberem,
àqueles que creem em seu Nome,
Ela lhes dá o poder de se tornarem filhos de Deus.

13. Não foram engendrados do sangue,
nem da "vontade" do homem,
mas de YHWH/Deus.

14. A Sabedoria se fez carne,
Ela fez a sua morada entre nós.

Glossário

Acheiropoietes – "Não feitos pelas mãos". São um tipo particular de ícone que acredita-se terem sido criados de forma milagrosa e não pelas mãos humanas.

Akhenaton (ca. 1371 a.C.-ca. 1338 a.C.) – Faraó egípcio que instituiu o culto a um deus único, Athon.

Anastasis – Palavra grega que qualifica a ação de levantar-se, erguer-se. Pode designar uma ressurreição ou mais especificamente a Ressurreição do Cristo.

Apófase – Do grego *apóphasis*, negação. Na retórica é a refutação do que se acaba de dizer. O apofatismo teológico exclui a possibilidade de se alcançar o Mistério mediante conceitos, ou seja, sobre Deus, só podemos dizer o que Ele não é.

Atanásia – A não morte, *athanasia*, geralmente traduzido como "imortalidade" ou "não mortalidade", próximo da eutanásia, a boa morte, e da *anastasie*, a ressurreição.

Athanatos – Imortal, a incorruptibilidade da psique. Latim: *immortalis*.

Brahman – Termo sânscrito que é utilizado em diversas religiões da Índia. Tornou-se uma das designações do Absoluto, a realidade última além da qual não há mais nada.

Charia – No Islã, a charia representa diversas normas e regras doutrinais, sociais, culturais e relacionais apresentadas pela "Revelação". O termo utilizado em árabe no contexto religioso significa "caminho para respeitar a lei".

Deus absconditus – Deus oculto.

Douat – É um espaço filosófico complexo que os antigos egípcios compreendiam como o lugar intermediário entre aquilo que é e aquilo que não é. É, portanto, o espaço entre o não criado e a criação; literalmente aquilo que ainda não existe. Na escrita hieroglífica, a *Douat* é representada através de uma estrela em um círculo simbolizando o primeiro raio da aurora.

Enantiodromia – Termo criado pelo filósofo Heráclito para o conceito de que uma grande força em uma direção gera uma força no sentido oposto.

Ephod – Ornamento do culto em forma de escapulário utilizado pelos sacerdotes hebraicos.

Epoke – Termo grego cujo significado aproxima-se de "ausência de julgamento, de preconceitos".

Filocalia – Amor pela beleza, essa beleza que se confunde com o Bem. Esse nome também designa um livro clássico da literatura cristã ortodoxa, como uma coletânea de textos de autores diversos sobre a Oração do coração.

Fílon de Alexandria (ou Philon de Alexandria) (10 a.C.-50 d.C.) – Foi um dos mais renomados filósofos do judaísmo helênico, contemporâneo dos primórdios da era cristã. Interpretou a Torá utilizando elementos da filosofia de Platão, além de ter deixado uma vasta obra onde procura demonstrar a perfeita adequação entre a fé judaica e a filosofia helenista.

Flávio Josefo – Foi um historiador e apologista judaico-romano que registrou *in loco* a destruição de Jerusalém em 70 d.C. pelas tropas do imperador romano Vespasiano, comandadas pelo seu filho Tito, futuro imperador. As obras de Josefo fornecem um importante panorama do judaísmo no século I.

Gato de Schrödinger, Erwin Schrödinger – Um dos pilares da física quântica, imaginou, em 1935, uma experiência do pensamento, ou seja, tentar resolver um problema utilizando unicamente a imaginação, colocando-se a pergunta: "O que aconteceria se...?" Ele imaginou a seguinte experiência: ele fecharia o seu gato em uma caixa contendo um dispositivo que o mataria caso fosse detectada a desintegração de um átomo de um corpo radioativo. Do exterior não se pode saber o que acontece dentro da caixa, ou seja, o gato dentro da caixa pode viver ou morrer, sem que saibamos o que se passa.

Gelassenheit – Termo alemão que significa calma interior, serenidade, equanimidade, paz da alma. São atitudes internas, a capacidade de manter a compostura ou uma atitude imparcial, especialmente em situações difíceis. É o oposto da agitação, excitação, nervosismo e *stress*.

Gregório Palamas – Santo da Igreja Ortodoxa, desenvolveu no seu pensamento o adágio dos Padres da Igreja, segundo o qual "Deus se fez homem para que o homem se tornasse deus".

Hades – Na Mitologia grega, Hades é filho de Cronos e Reia, irmão de Zeus e deus do mundo inferior, do mundo subterrâneo e dos mortos. Seu nome é usado para designar tanto o deus quanto o reino por ele governado.

Hégira – Designa a fuga de Maomé de Meca, sua cidade natal, para o Oásis de Yathrib, atual Medina em 622 da era cristã; a era maometana teve seu início nesse ano. O termo hégira significa "imigração" em árabe, podendo também significar "ruptura de vínculos".

Ipseidade – Do latim *ipso*: indica o conjunto dos parâmetros específicos relativo a uma pessoa, uma coisa ou uma noção. Designa assim uma pessoa, uma coisa ou uma noção em si, exclusivamente, segundo as próprias referências.

Isha Upanishad – Texto sagrado do hinduísmo.

Kubler-Ross, Elisabeth (1926-2004) – Psiquiatra suíça pioneira na abordagem dos cuidados paliativos além de uma grande estudiosa da morte, tendo acompanhado milhares de pessoas no final da vida.

Lectio divina – Expressão latina que faz referência a um método de oração desenvolvido pelos Padres da Igreja, inspirados no modelo judaico. É um exercício de leitura espiritual.

Logos – Esta expressão tem origem grega e designa a "palavra", o "discurso" (escrito ou falado) e, por extensão, a "racionalidade" (a inteligência) e, em seguida, a lógica.

Massoretas – Escribas judeus que se dedicaram a preservar e cuidar das escrituras que atualmente constituem o Antigo Testamento. Às vezes, o termo é usado para indicar comentadores hebraicos dos textos sagrados.

Midrash – Quando Moisés recebeu a Torá no Monte Sinai, ele recebeu a Torá escrita e também a Torá oral, que eram as explicações sobre a primeira, passadas de geração em geração de forma oral. Quando os judeus foram para o exílio, temia-se que este conhecimento se perdesse, por isso decidiram documentá-lo na forma escrita, resultando em duas obras: o *Midrash* e a *Mishná*. O *Midrash* é, assim, uma coletânea das histórias bíblicas que as escrituras escondem entre suas linhas, mas que podem ser encontradas por aqueles que sabem escutar a sabedoria milenar herdada dos antepassados.

Moloque ou Moloch – Nome de um deus canaanita associado ao sacrifício infantil.

Mônada – Termo empregado na metafísica, significa etimologicamente "unidade". É a Unidade perfeita que é o princípio absoluto. É a unidade suprema, mas também pode ser, no outro extremo, a unidade mínima, o elemento espiritual mínimo.

Nag Hammadi – Localidade do Alto Egito. Entre 1945-1946, camponeses lá encontraram papiros fechados em vasos, perto de um antigo monastério. Esses papiros são conhecidos pelo nome de "biblioteca de Nag Hammadi".

Normose – A patologia da normalidade; termo criado por Jean-Yves Leloup. Para saber mais, cf. o livro *Normose*, Ed. Vozes, 2011.

Orígenes (185-253) – Pai da exegese bíblica. Teólogo do período patrístico, ele é também um dos Padres da Igreja, considerado "o maior gênio do cristianismo antigo junto com Santo Agostinho".

Padres da Igreja – Chamamos de "Padres da Igreja" (Patrística) aqueles grandes homens da Igreja, que viveram entre os séculos II e VII e que foram, no Oriente como no Ocidente, como que "Pais" da Igreja no sentido de que foram eles que firmaram os conceitos da fé cristã, enfrentaram muitas heresias e, de certa forma, foram responsáveis pelo que chamamos hoje de Tradição da Igreja.

Papiro de Leyden – Manuscrito egípcio (escrito em demótico) mais recente conservado. A partir de diversas fontes, foi compilado desde o século III d.C. e apresenta todo um compêndio de rituais mágicos e de cura, assim como listas de plantas e outros elementos. O papiro aparece na literatura popular como uma confirmação do relato bíblico, mais notavelmente por causa de sua declaração de que "o rio é sangue" e suas frequentes referências aos criados fugindo.

Pessah – Páscoa em hebraico, também significa "passagem" remetendo à passagem dos hebreus pelo deserto.

Pneuma – Palavra em grego antigo que significa "respiração" que, num contexto religioso, designa o "espírito" ou "alma". Princípio da natureza espiritual, considerado como um quinto elemento, sopro de vida, princípio de vida.

Privatio boni – Privação do bem.

Procusto – Figura da Mitologia grega. Segundo a lenda, Procusto era um bandido que vivia na Ática. Reza a lenda que Procusto tinha uma cama de ferro do seu tamanho exato. Todos aqueles que ele albergava em sua casa, eram obrigados a deitar-se na sua cama. Se os viajantes não coubessem na cama, tinham os pés cortados ou eram esticados para caberem na cama. O mito da cama de Procusto é muitas vezes utilizado como metáfora para situações em que se pretende impor um determinado padrão, sobrevalorizar a forma ao material, querer a todo custo obrigar que algo se encaixe em um molde preestabelecido.

Qohelet – Mais conhecido como Eclesiastes, um dos livros mais faf mosos da Torá, a Bíblia Hebraica ou Antigo Testamento, é o nome da figura que enuncia alguns dos ensinamentos mais célebres do livro. Sua identidade é, no entanto, desconhecida. "Qohelet" significa meramente "pregador" ou, por via etimológica, "aquele que reúne" no sentido de alguém que reúne e fala diante de uma assembleia. O Eclesiastes é comumente atribuído a Salomão.

Qumran – Sítio arqueológico na Cisjordânia próximo ao Mar Morto.

Ruah – Na origem, a palavra significava "vento, sopro", mas ela também pode designar o ar calmo em torno de alguém. A tradução de *ruah* em grego é "Pneuma", o espírito. O ser humano vive graças à respiração; quando perde seu sopro, ele perde sua vida. A *ruah* é este espaço, este ar vital.

Rumi (1207-1273), Shams de Tabriz – É considerado o maior poeta místico da língua persa e um dos maiores gênios da literatura espiritual universal. Durante sua vida Rumi foi obcecado pelo desejo de encontrar a via que levaria à fusão da alma em Deus. Ele foi iniciado na prática do sufismo e da meditação até alcançar o êxtase. Sua vida foi virada do avesso quando ele encontrou um dervixe errante, Shams de Tabriz. Para trabalhar e receber os ensinamentos do seu mestre, Rumi abandonou tudo – família, filhos, seu trabalho e sua casa. Após o assassinato de Shams, Rumi criou a confraria dos sufis dos dervixes que giram onde a música e a dança são os meios de chegar ao êxtase e à união com Deus. Até hoje seu túmulo em Konya, na Turquia, é objeto de grande veneração.

Ruzbehan Baqli Shirazi (1128-1209) – Místico sufi, poeta e filósofo persa. Mais conhecido por sua vida visionária e extática e seus escritos sobre a expressão sufi do êxtase. Escreveu em árabe e persa sobre teologia, jurisprudência e gramática, além de ter sido poeta. Seu nome significa "dia feliz".

Septuaginta – Tradução em língua grega da Bíblia Hebraica, o Antigo Testamento, que a tradição diz ter sido feita no Egito por 70 sábios (daí o nome), cerca de dois séculos antes de Cristo, exatamente em Alexandria, onde existia uma significativa comunidade judaica.

Shakti Spanda – *Spanda* é a vibração primordial do universo e do nosso ser que normalmente é associada à criação do universo. Shakti é tudo que se move e muda; no hinduísmo, Shakti é uma deusa. A Shakti primitiva é a vontade do criador de proceder para a formação dos seres. Nossos corpos, respiração e mente são feitos da energia de Shakti.

Shekinah – Presença gloriosa de Deus manifestada entre os seres humanos.

Sod – Em hebraico, designa aquilo que é secreto, o segredo. Termo associado à Cabala que é a explicação esotérica da Torá, o último nível de compreensão das escrituras, o sentido místico de um texto.

Talmude da Babilônia ou Talmude babilônico – A *Mishná* e a *Guemará* são chamadas de Talmude. Ambas contêm regras legais e discussões, dissecando e esclarecendo estas regras. A comunidade em Israel compilou um Talmude no terceiro século, chamado o Talmude Jerusalém. O Talmude babilônico foi compilado 200 anos depois e é universalmente aceito como autoridade. Em questões de concordância, ambos os Talmudes são consultados. Quando se trata de uma disputa, o Talmude babilônico tem precedência. Assim, o Talmude babilônico é com frequência chamado simplesmente de Talmude.

Thanatos – Na Mitologia Grega, *Thanatos* era a personificação da morte. Ele era uma figura mitológica menor, raramente surgindo em cena.

Vladimir Soloviev (1853-1900) – Filósofo, poeta e pensador russo. Ele deixou uma obra imensa que antecipou o ecumenismo e colocou em valor a dimensão feminina e cósmica do ser, anunciando um divino-humanismo. Influenciou não apenas a filosofia religiosa, mas também a poesia russa. Foi com Soloviev que a tradição espiritual russa elaborou pela primeira vez uma concepção do mundo onde o racionalismo ocidental e a contemplação oriental integraram-se em uma síntese da ciência, da filosofia e da religião.

Vulgata – Tradução para o latim da Bíblia, feita no final do século IV e início do século V, por Jerônimo, a pedido do Bispo Dâmaso. O nome se deve à expressão latina "*vulgata editio*", isto é, "edição para o povo". A partir do Concílio de Trento até o Concílio Vaticano II, essa tradução era a versão oficial da Bíblia.

Yeshua – Forma hebraica do nome "Jesus".

YHWH – Retranscrição das consoantes hebraicas yod (י), he (ה), vav (ו), he (ה), que formam o Tetragrama sagrado e impronunciável do Nome de Deus.

As Orações da Humanidade
Das tradições religiosas do mundo inteiro

Faustino Teixeira e *Volney J. Berkenbrock*

Nesse livro de orações a atenção voltar-se-á para as preces que compõem o repertório de singulares tradições religiosas. Mais do que falar das orações, buscou-se deixar falar as orações mesmas e, com elas, a busca e invocação de Deus, do Mistério ou do Fundo de Si, do Buscado e Ansiado. Cada uma das tradições é portadora de uma alteridade irredutível e que veicula dimensões e facetas únicas e inusitadas do mistério do Deus sempre maior.

Através das inúmeras orações apresentadas ao longo do livro, o leitor poderá perceber os traços visíveis de uma hospitalidade larga, que convoca a uma ecumenicidade ampla e verdadeira, animada por intensa profundidade espiritual. Trata-se, acima de tudo, de um convite à abertura inter-religiosa mediante o caminho da espiritualidade, que toca o nível mais profundo do diálogo, já que possibilita o "enriquecimento recíproco e cooperação fecunda, na promoção e preservação dos valores e dos ideais espirituais mais altos do homem." As orações aqui apresentadas são pontes que facilitam a abertura ao mistério domiciliado no humano, que é simultaneamente transcendente e imanente. A diversidade da experiência não impossibilita a familiaridade de uma busca que é comum e que vem expressa numa oração que não se detém diante das diferenças.

Faustino Teixeira é professor do Programa de Pós-Graduação em Ciência da Religião da Universidade Federal de Juiz de Fora (MG), pesquisador do CNPq e consultor do ISER Assessoria (RJ). Dentre suas linhas de pesquisa destacam-se: Teologia das Religiões, Diálogo Inter-religioso e Mística Comparada das Religiões. É autor de vários livros entre os quais: Ecumenismo e diálogo inter-religioso, Aparecida: Santuário, 2008; Teologia e pluralismo religioso. São Bernardo do Campo: Nhanduti, 2012; Buscadores de diálogo. São Paulo: Paulinas, 2012; Na fonte do Amado – Malhas da mística cristã. São Paulo: Fonte Editorial, 2017; Religiões em movimento. Petrópolis: Vozes, 2013 (com Renata Menezes – orgs.); Em que creio eu. São Paulo: Terceira Via/Fonte Editorial, 2017 (com Carlos Rodrigues Brandão – orgs.).

Volney J. Berkenbrock é doutor em Teologia pela Rheinische Friedrich-Wilhelms--Universität, Bonn, Alemanha. É pesquisador das religiões afro-brasileiras, com enfoque especial na experiência religiosa do Candomblé. Professor do Departamento de Ciência da Religião da Universidade Federal de Juiz de Fora (MG), pesquisador do Programa de Pós-Graduação do mesmo departamento e membro do Instituto Teológico Franciscano de Petrópolis (RJ). Linhas de pesquisa de destaque: Religiões afro-brasileiras (com ênfase para o Candomblé); Religiões e Diálogo; História das Religiões. Autor de diversos livros, capítulos de livros e artigos na área de Teologia e Ciência da Religião.

CULTURAL

Administração
Antropologia
Biografias
Comunicação
Dinâmicas e Jogos
Ecologia e Meio Ambiente
Educação e Pedagogia
Filosofia
História
Letras e Literatura
Obras de referência
Política
Psicologia
Saúde e Nutrição
Serviço Social e Trabalho
Sociologia

CATEQUÉTICO PASTORAL

Catequese
Geral
Crisma
Primeira Eucaristia

Pastoral
Geral
Sacramental
Familiar
Social
Ensino Religioso Escolar

TEOLÓGICO ESPIRITUAL

Biografias
Devocionários
Espiritualidade e Mística
Espiritualidade Mariana
Franciscanismo
Autoconhecimento
Liturgia
Obras de referência
Sagrada Escritura e Livros Apócrifos

Teologia
Bíblica
Histórica
Prática
Sistemática

VOZES NOBILIS

Uma linha editorial especial, com importantes autores, alto valor agregado e qualidade superior.

REVISTAS

Concilium
Estudos Bíblicos
Grande Sinal
REB (Revista Eclesiástica Brasileira)

VOZES DE BOLSO

Obras clássicas de Ciências Humanas em formato de bolso.

PRODUTOS SAZONAIS

Folhinha do Sagrado Coração de Jesus
Calendário de mesa do Sagrado Coração de Jesus
Agenda do Sagrado Coração de Jesus
Almanaque Santo Antônio
Agendinha
Diário Vozes
Meditações para o dia a dia
Encontro diário com Deus
Guia Litúrgico

CADASTRE-SE
www.vozes.com.br

EDITORA VOZES LTDA.
Rua Frei Luís, 100 – Centro – Cep 25689-900 – Petrópolis, RJ
Tel.: (24) 2233-9000 – Fax: (24) 2231-4676 – E-mail: vendas@vozes.com.br

UNIDADES NO BRASIL: Belo Horizonte, MG – Brasília, DF – Campinas, SP – Cuiabá, MT
Curitiba, PR – Fortaleza, CE – Goiânia, GO – Juiz de Fora, MG
Manaus, AM – Petrópolis, RJ – Porto Alegre, RS – Recife, PE – Rio de Janeiro, RJ
Salvador, BA – São Paulo, SP